LOVE

Nähen im Boho-Look

Anke Müller

Nähen im Boho-Look

Trendteile in den Größen 36–46

Boho LOVE

Hey, ihr Lieben,

ein Buch zum Thema Boho zu schreiben, hat sich mir quasi aufgedrängt. Denn wie die meisten von euch bestimmt wissen, trage ich genau diesen Stil sehr, sehr gerne. Für mich besteht die Hauptfaszination des Looks im Kombinieren. Nichts ist unmöglich und am schönsten sind für mich Stilbrüche in jeder Hinsicht. So ist zum Beispiel ein fließendes Blumenkleid mit coolen Cowboystiefeln für mich eine Kombi, die einfach ganz typisch boho ist.

In diesem Buch findet ihr schöne Einzelteile, die ihr toll separat tragen könnt. Aber auch miteinander kombiniert machen sie ordentlich was her. Ihr entscheidet, ob ihr einen kompletten Boho-Look tragen oder nur Akzente in diesem Style setzen wollt.

Die Schnitte sind leger, lässig und luftig und wirklich nicht schwer zu nähen. Wer ein bisschen Näherfahrung mitbringt, kann sich mit diesem Buch eine komplette Boho-Grundgarderobe zusammenstellen.

Die Stoffe im Buch sind aus meiner aktuellen Frühjahr/Sommer-Kollektion 2020. Die vielen verschiedenen Qualitäten bieten euch die Möglichkeit, ganz viele verschiedene Outfits umzusetzen.

Aber jetzt geht es endlich los! Ich wünsche euch total viel Spaß mit meinen Schnitten, Plottermotiven und Accessoires.

Alles Liebe

Anke

MODELLE

WISSENSWERTES

Boho-Style – wie geht's?

Dich im Boho-Look zu stylen, ist eigentlich ganz einfach. Du brauchst nur ein paar Kleidungsstücke mit lockeren, luftigen Schnitten aus fließenden Stoffen in passenden Designs. Der Clou liegt dann in der Kombination und im Styling.

Meinen Boho-Look macht der Stilmix aus. Derbe Cowboy-Boots zum leichten Blumenkleid, darüber eine Weste und dazu viele Ketten – ich liebe es! Auch der Mix verschiedener Muster gehört für mich zu Boho. Ich kombiniere gerne wild und experimentiere.

Aber das Schöne an Boho ist, dass es dir offen steht, wie du den Look für dich umsetzt. Ob blumig, gemustert oder uni, mit Stilbrüchen oder romantisch, cool oder mädchenhaft... Der Look ist ungezwungen, frei und fröhlich und lässt dir viel Spielraum für individuelle Zusammenstellungen.

Die Kleidungsstücke und Accessoires in meinem Buch sind recht einfach nachzunähen und versprechen dir ein tolles Feeling. Du kannst selbst entscheiden, ob du die Schnitte schlicht umsetzt oder in die Vollen greifst und bis zum Äußersten mit Borten, Bommeln, Webbändern, Tasseln usw. pimpst. So wie es zu dir passt – das ist die Hauptsache!

Stylingtipps für dich

Bevorzuge natürliche Stoffe und Töne

- Wähle natürliche Töne wie Weiß, Beige, Braun, Rot, Orange, Dunkelgrün ...
- Bevorzuge Kleidungsstücke aus natürlichen Materialien wie Baumwolle, Leinen, Seide, Leder und Rauleder.

Häkeloptik, Spitze und anderen Schmuckelemente sind ein Muss

- Kleider, Oberteile, Hüte oder Taschen aus Spitze sind wichtige Bestandteile des Boho-Stils. Es reichen auch schon ein Kragen, Manschetten oder andere Details aus Spitze.
- Greife zu gehäkelten Taschen, Accessoires und Kleidungsstücken.
- Auch Strasssteine, Fransen, Quasten, Münzen, Borten und Stickereien sind sehr beliebte Elemente, mit denen du deine Kleidungsstücke und Accessoires verzieren kannst.

Sei offen für bunte Muster

- Der Boho-Stil lebt von Mustern. Florale, ethnische sowie Karo- und Paisleydesigns passen super.
- Wenn du mit bunten Mustern experimentieren willst, solltest du darauf achten, diese mit relativ neutralen Stücken zu kombinieren, um ein ausgewogenes Outfit zusammenzustellen.

Bequemlichkeit ist ein Muss

- Ein typisches Merkmal des Boho-Stils ist Bequemlichkeit. Gerne im Lagenlook werden locker sitzende, weiche, fließende Kleidungsstücke, die nicht einengen und den Körper umspielen, getragen.
- Beliebt ist zum Beispiel ein Lagenlook aus Jeansshorts, lässig sitzendem Spitzenshirt und einer langen, lockeren Strickjacke.
- Bodenlange, lockere, leichte Maxi-Kleider, Tuniken oder Röcke sind typische bequeme Kleidungsstücke im Boho-Stil.

Wähle Schuhe in natürlicher Optik

- Ganz typisch für den Boho-Look sind Ethno-Sandalen im afrikanischen, römischen oder griechischen Stil sowie hohe Stiefel im Look der 70er, derbe Stiefeletten oder Cowboystiefel.
- Brauntöne und Beige sind perfekte Boho-Farben. Mit Canvas, Leder und Wildleder liegst du auf jeden Fall richtig.
- Solltest du vegan leben, kannst du auf Lederimitat zurückgreifen.

Auffälliger Schmuck ist ein Muss

- Armreifen gehören unbedingt zum Boho-Stil. Ganz viele schmale Silberreifen, breite Reifen aus Metall oder Holz oder auffällige bunte, gewebte Armbänder sehen toll aus. Selbst geknüpfte Freundschaftsarmbänder passen auch perfekt.
- Ganz besonders sehen Armbänder für die Oberarme aus. Hier eignen sich besonders Bänder aus Metall oder Leder. Fußkettchen runden deinen Boho-Look ab. Besonders, wenn sie mit Glöckchen oder Metallplättchen, die beim Gehen klimpern, verziert sind.
- Auffällige Ohrringe sind unverzichtbar. Typisch ist die Kombination aus Metall, natürlichen Steinen, Muscheln oder Perlen aus verschiedenen Materialien. Auch Federn und Leder passen perfekt.
- Trage Halsketten! Große Ethnocolliers funktionieren ebenso wie zarte Ketten im Layering-Look. Wichtig auch hier: natürliche Töne und Materialien.

Haare und Make-up – ganz natürlich

- Das perfekte Boho-Make-up lässt dich natürlich, aber nicht blass aussehen. Dezente Rosa- Kupfer-, Gold- und Nudetöne, die dein Gesicht zum Strahlen bringen, sind ideal. Dein Look sollte wie ungeschminkt, aber frisch und gesund wirken.
- Vermeide dunkles Augen-Make-up wie Smokey Eyes.
- Auch dein Haar sollte natürlich wirken. Lange, wellige Frisuren in Braun-, Rot- und Blondtönen sind typisch. Trägst du dein Haar kurz, dann wähle einen klassischen und natürlichen Schnitt. Scharfe Konturen, eine Igelfrisur oder rasierte Partien passen nicht.
- Lockere Zöpfe, gerne auch mit eingeflochtenen Bändern, und leichte Wellen gehören zu den beliebtesten Frisuren.

Investiere in Accessoires

- Gehäkelte Kappen und breitkrempige Filz-, Stroh- und Schlapphüte sind die perfekte Ergänzung zu typischen Boho-Looks.
- Handtaschen, entweder selbst genäht oder gehäkelt, aus Rattan oder Bast und unbedingt verziert mit Fransen, Quasten, Bommeln und auffälligen Anhängern, sind ein unerlässliches Accessoire.
- Große Vintage-Sonnenbrillen in verschiedenen Formen – besonders beliebt sind runde Gläser und Pilotenbrillen – sind ein Muss. Entscheide dich für die Form, die am besten zu deinem Gesicht passt!
- Blumenkränze sind ideal, wenn du auffallen möchtest. Du bekommst sie aus künstlichen oder aus echten Blüten.

MODELLE

Auf den folgenden Seiten zeige ich dir meine liebsten Modelle im Boho-Stil, die du dir selbst nähen kannst. Weil der Look ganz ungezwungen ist, kannst du alles an deine Vorlieben anpassen und variieren. Bei den Farben und Designs bist du flexibel, allerdings solltest du darauf achten, ähnliche Stoffqualitäten wie von mir angegeben zu verwenden, damit die Passform und der Fall des Kleidungsstückes gewährleistet sind.

Beim Verzieren kannst du dann richtig loslegen und Quasten, Federn, Perlen, Bommel, Webbänder, Spitzen ... annähen. Wenn du es lieber schlicht magst, dann kannst du auf diese Details aber auch problemlos verzichten.

Wie du dich auch entscheidest, es muss zu dir und deinem Typ passen. Dann fühlst du dich in deiner selbstgenähten Boho-Garderobe auch herrlich frei, fröhlich und ein bisschen wild.

Ahoi

Lovely
and cosy
Anleitung Seite 20

Like a breeze

Anleitung Seite 22

Lovely and cosy

ZART UND VERSPIELT

Eine zarte, luftige Tunika gehört unbedingt in deine Boho-Garderobe. Die kurze Variante passt toll zu kurzen oder langen Jeans. Die lange Variante kannst du als Kleid tragen. Wenn du magst, dann nähe doch noch ein Bindeband mit Quaste an den Kragen.

SCHWIERIGKEITSGRAD 2

GRÖSSE

36 bis 46

MATERIAL

- Leichte Webware, z. B. Musselin oder Viskose-Crêpe, 140 cm breit, Größe 36-40: 1,6 m, Größe 42-46: 2 m, für die lange Variante ca. 70 cm mehr
- Einfassband, 95 cm
- Spitze, ca. 3 cm breit, 3,5 m (lange Variante 4,75 m), optional für Ausschnitt, Passe und Säume

SCHNITTMUSTERBOGEN B

NAHTZUGABEN

Alle Teile mit 1 cm (Nähmaschine) bzw. 0,7 cm Nahtzugabe (Overlock) zuschneiden, an den Säumen 2 bis 3 cm zugeben.

ZUSCHNITT

Hinweis: Alle Passzeichen mit einem Knips (2-3 mm tiefer Einschnitt in die Nahtzugabe) aus dem Schnittmuster übernehmen.

- Rückenteil 1x im Stoffbruch
- Vordere Passe 1x im Stoffbruch
- Mittleres Vorderteil 1x im Stoffbruch
- Rüsche 2x im Stoffbruch
- Ärmel 2x gegengleich

So wird die Tunika genäht

Am mittleren Vorderteil die Oberkante (= schräge Kante) leicht einkräuseln, sodass sie an die Unterkante der Passe passt.

Die Passe rechts auf rechts an das mittlere Vorderteil nähen. Dafür zuerst eine schräge Kante der Passe rechts auf rechts an die entsprechende Kante des mittleren Vorderteils stecken und die Teile vom Armausschnitt bis exakt zur Spitze in der vorderen Mitte zusammennähen. Die Nahtzugabe des mittleren Vorderteils an der Spitze schräg bis dicht an das Nahtende einschneiden, dann die andere Seite von Passe und mittlerem Vorderteil aufeinanderstecken und zusammennähen.

Die Nahtzugaben nach unten bügeln und die Spitze schön ausbügeln.

Die Rüschenteile jeweils auf die Weite von Vorder- bzw. Rückenteil einkräuseln und rechts auf rechts an das mittlere Vorderteil bzw. das Rückenteil nähen.

Das zusammengenähte Vorder- und Rückenteil rechts auf rechts legen und die Schulternähte schließen.

Den Schlitz mit Einfassband einfassen, dabei am Schlitzende das Vorderteil so auseinanderziehen, dass die Schlitzkanten eine gerade Linie bilden, und an der Spitze nur ganz wenig Stoff mitfassen. Anschließend von innen das Einfassband an der Ausschnittspitze als kleines V abnähen.

Dann den Halsausschnitt ebenfalls mit Einfassband einfassen. Das Band feststecken und am Beginn und Ende (= vordere Kanten) das Einfassband jeweils etwas überstehen lassen, dann das Band aufklappen, das überstehende Bandende nach hinten um die Schlitzkante legen und dann das Band wieder zusammenklappen. Das Band rundum festnähen.

Anschließend die Ärmel rechts auf rechts in die Armausschnitte nähen. Die Ärmel- und Seitennähte jeweils mit einer durchgehenden Naht rechts auf rechts schließen.

Die Ärmel und die Unterkante der Tunika säumen.

Meine Tipps für dich:

Du kannst die Tunika in zwei Längen nähen. Für die längere Variante wird einfach noch ein zweiter, ca. 30 cm breiter Rüschenstreifen angenäht.

Ganz süß sieht es aus, wenn du den Ausschnitt zusätzlich mit Spitze dekorierst oder Spitze an die Säume setzt.

An der rosa Tunika habe ich das Rückenteil in der hinteren Mitte nicht im Bruch zugeschnitten, sondern mit Nahtzugaben und ein Spitzenband zwischen die beiden Rückenteile gesetzt.

Like a breeze

LUFTIG LEICHT AUS MUSSELIN

Wenn es so richtig heiß ist, dann ist dieses Top der perfekte Begleiter für dich, da es locker und luftig sitzt. Statt des von mir gewählten Musselins kannst du auch andere leichte, fließende Stoffe wie beispielsweise Viskose-Crêpe verwenden.

SCHWIERIGKEITSGRAD 2

GRÖSSE

36 bis 46

MATERIAL

- Leichte Webware, z. B. Musselin oder Viskose-Crêpe, 140 cm breit, Größe 36-38: 1,5 m, Größe 40-46: 1,6 m

SCHNITTMUSTERBOGEN B

NAHTZUGABEN

Alle Teile mit 1 cm (Nähmaschine) bzw. 0,7 cm Nahtzugabe (Overlock) zuschneiden, an den Säumen 2 bis 3 cm zugeben.

ZUSCHNITT

Hinweis: Alle Passzeichen mit einem Knips (2-3 mm tiefer Einschnitt in die Nahtzugabe) aus dem Schnittmuster übernehmen.

- Vordere Passe 1x im Stoffbruch
- Hintere Passe 1x im Stoffbruch
- Rüsche 2x im Stoffbruch
- Vorderer Armlochbeleg 2x gegengleich
- Hinterer Armlochbeleg 2x gegengleich
- Vorderer Halslochbeleg 1x im Stoffbruch
- Hinterer Halslochbeleg 1x im Stoffbruch

So wird das Top genäht

Die vordere und hintere Passe rechts auf rechts aufeinanderlegen, stecken und die Schulternähte schließen.

Den vorderen und hinteren Halslochbeleg ebenfalls rechts auf rechts aufeinanderlegen und auch hier die Schulternähte schließen. Die Nahtzugaben an Passe und Beleg jeweils auseinanderbügeln.

Den zusammengesetzten Beleg rechts auf rechts auf die zusammengenähte Passe legen. Für den Schlitz zwei Linien parallel zu beiden Seiten der vorderen Mitte im Abstand von je ca. 2 mm aufzeichnen. Unten enden die Linien an der Markierung (siehe Schnitt) und werden mit einer Querlinie verbunden. Die Teile am Ausschnitt rundum zusammennähen, dabei für den Schlitz exakt auf den Linien nähen.

An den Rundungen die Nahtzugaben bis dicht an die Naht in kleinen Abständen einschneiden, an den Ecken die Nahtzugaben schräg abschneiden und für den Schlitz den Stoff zwischen den parallelen Nähten bis ca. 5 mm vor Schlitzende einschneiden. Ab hier jeweils schräg zu den Nahtecken hin schneiden.

Den Beleg nach innen klappen, bügeln und absteppen.

Die Seitennähte der Passe rechts auf rechts schließen.

Die Rüschen an den Seitenkanten rechts auf rechts zusammennähen, sodass ein Ring entsteht. Die Oberkante dieses Rings auf die Weite der Taillenkante der Passe einkräuseln. Dann den Ring rechts auf rechts über die Passe stülpen, sodass die Stoffkanten genau aufeinanderliegen, und die Teile zusammennähen.

Je einen vorderen und hinteren Armlochbeleg an der Schulter und der Seitenkante rechts auf rechts zusammennähen. Die Nahtzugaben auseinanderbügeln.

Die zusammengesetzten Armlochbelege jeweils rechts auf rechts auf das passende Armloch legen, rundum festnähen und die Nahtzugaben an den Rundungen bis dicht an die Naht in kleinen Abständen einschneiden. Dann die Belege nach innen wenden und absteppen.

Für den Saum die Saumzugaben nach innen einschlagen und absteppen.

Cute like holly

Anleitung Seite 26

Boyfriend-Shirt

Anleitung Seite 28

Cute like holly

ROMANTISCH UND VERSPIELT

Dieses Shirt ist ein absolutes Kombitalent. Es lässt sich zu so vielen Unterteilen aus diesem Buch kombinieren. Ich habe es einmal in Webware mit Blümchenmuster und einmal aus Jersey genäht – beides absolut boho!!

SCHWIERIGKEITSGRAD 2

GRÖSSE

36 bis 46

MATERIAL

- Leichte Webware, z. B. aus Viskose oder Baumwolle, oder Jersey, 140 cm breit, Größe 36-38: 0,9 m, Größe 40-46: 1 m
- Gummiband, ca. 0,5 cm breit, 80 cm

SCHNITTMUSTERBOGEN A

NAHTZUGABEN

Alle Teile mit 1 cm (Nähmaschine) bzw. 0,7 cm Nahtzugabe (Overlock) zuschneiden, an den Säumen 2 bis 3 cm zugeben.

ZUSCHNITT

Hinweis: Alle Passzeichen mit einem Knips (2-3 mm tiefer Einschnitt in die Nahtzugabe) aus dem Schnittmuster übernehmen.

- Vorderteil 1x im Stoffbruch
- Rückenteil 1x im Stoffbruch
- Ärmel 2x gegengleich
- Schrägband, fertige Breite ca. 1 cm, ca. 80 cm

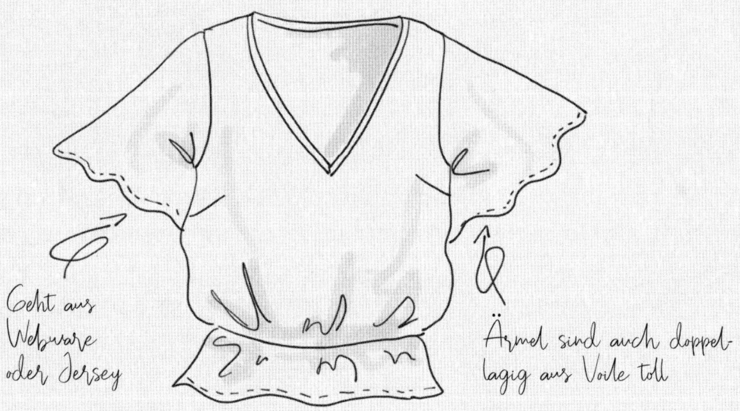

So wird das Shirt genäht

Die Brustabnäher auf das Vorderteil übertragen und rechts auf rechts schließen. Die Abnäher nach oben legen und leicht ausbügeln.

Dann vom Gummiband die passenden Längen abschneiden. Ein Stück ist für das Vorderteil, das andere für das Rückenteil.
Größe 36: 2x 35 cm
Größe 38: 2x 36 cm
Größe 40: 2x 37 cm
Größe 42: 2x 38 cm
Größe 44: 2x 39 cm
Größe 46: 2x 40 cm

Die Höhe für das Taillen-Gummiband jeweils auf der linken Stoffseite von Vorder- und Rückenteil markieren und die Gummibandstücke in gedehntem Zustand mit einem Zickzackstich festnähen.

Das Vorderteil und das Rückenteil rechts auf rechts aufeinanderlegen und die erste Schulternaht schließen.

Den Halsausschnitt mit dem Schrägband einfassen.

Dann die zweite Schulternaht schließen.

Das Schrägband in der vorderen Mitte als kleines V absteppen.

Die Ärmel jeweils rechts auf rechts an den passenden Armausschnitt nähen.

Ärmel- und Seitennähte jeweils mit einer durchgehenden Naht rechts auf rechts schließen.

Den Saum des Tops und die Ärmelsäume nähen.

Boyfriend-Shirt

IM HANDUMDREHEN AUS EINEM KAUFSHIRT GEZAUBERT

Aus schlichten Herren T-Shirts kannst du mit wenigen Handgriffen und Nähten coole Oversize-Shirts für dich zaubern. Mit Plottermotiven (siehe Seite 80) werden sie zu ganz besonderen Unikaten.

SCHWIERIGKEITSGRAD 1

MATERIAL

- Oversized T-Shirt in Boyfriend-Optik

So wird das Shirt genäht

Zuerst die Saumnaht knappkantig abschneiden.

Dann parallel zum Saum einen 21 cm breiten Ring abschneiden.

Diesen abgeschnittenen Ring in 3 Ringe mit je 7 cm Höhe teilen.

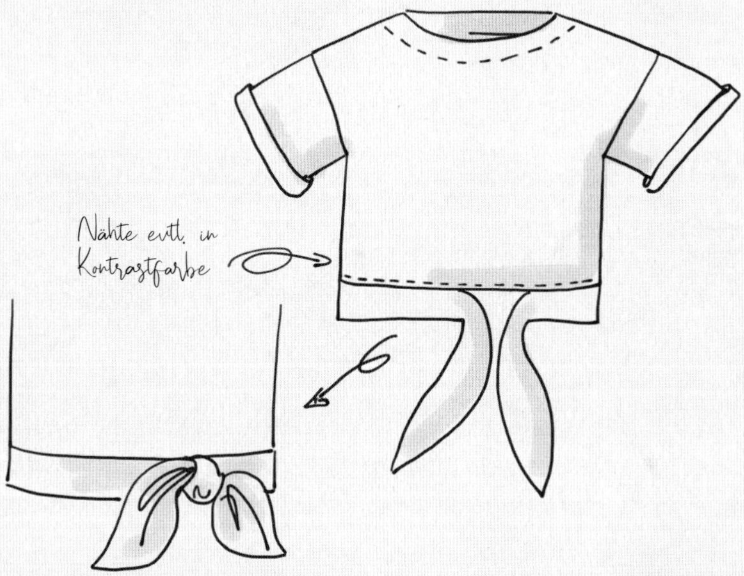

Zwei der Ringe an einer Seitennaht aufschneiden, das ergibt 2 lange Streifen.

Den dritten Ring an beiden Seitennähten aufschneiden, das ergibt 2 kurze Streifen.

Jetzt jeweils einen langen und einen kurzen Streifen an einer Schmalseite rechts auf rechts zusammennähen, sodass 2 lange Streifen mit jeweils anderthalbfacher Saumlänge entstehen.

Beide Streifen rechts auf rechts aufeinanderlegen und an der unteren, langen Kante zusammensteppen.

Der Streifen soll nachher an den Shirtsaum genäht werden, dafür die halbe Weite des Shirtsaums (= Breite des Vorder- bzw. Rückenteils) abmessen. Dieses Maß von der Streifenmitte aus zu beiden Seiten abmessen und markieren, sodass an den Seiten die Bindebänder übrig bleiben.

Nun die Bindebänder jeweils an der Ober- und Seitenkante bis zur Markierung zusammensteppen. Du kannst die Enden einfach rechteckig absteppen oder als Spitze oder Rundung.

Die Nahtzugaben an den Enden der Bindebänder ein- bzw. schräg abschneiden und die Bänder wenden. An den Nahtenden zur Mitte hin die Nahtzugaben bis dicht an die Naht schräg einschneiden, sodass die Nahtzugaben der offenen Kanten nach außen zeigen. Die Spitzen der Bindebänder gut ausbügeln.

Den Streifen mit den noch offenen Kanten rechts auf rechts an den Shirtsaum stecken, dabei können die Bindebänder entweder in der vorderen Mitte oder leicht seitlich sitzen. Dann den Streifen rundum am Shirtsaum festnähen.

Mit schlichten T-Shirts für Herren kannst du ganz viele weitere Boho-Looks kreieren. Ich habe hier noch ein paar Vorschläge für dich. Lass dich inspirieren und zu eigenen Ideen anregen.

Toll sehen geplottete Motive aus, die du auf dein Shirt bügelst. Auf Seite 80 findest du dazu eine Grundanleitung. Wenn du keinen Plotter hast, kannst du die Motive auch mit Textilstiften aufmalen.

Beim grauen Shirt oben habe ich zuerst den Saum abgeschnitten und dann 1 cm breite und 12 cm lange Fransen eingeschnitten. Diese Fransen kannst du auch noch verknoten oder Perlen darauf fädeln.

Eine schöne Idee ist es auch, die Ärmel kürzer zu schneiden oder einen tiefen Rückenausschnitt zu cutten.

Soul
Shine

Cropped

LÄSSIG UND BEQUEM

Ein lässiges, kurz geschnittenes Hemd passt zur Jeans genauso wie zu Röcken. Wenn du magst, kannst du es auch als Jackenersatz tragen. Ich habe hier einen Leinenstoff verwendet, toll wirken auch Tencel oder ganz leichter Denim.

SCHWIERIGKEITSGRAD 2

GRÖSSE

36 bis 46

MATERIAL

- Webware aus Leinen, Viskose oder Baumwolle, 140 cm breit, Größe 36-40: 1,3 m, Größe 42-46: 1,8 m
- Vlieseinlage, 90 cm breit, 20 cm
- 7 Knöpfe, ø ca. 1,8 cm
- Kreativpapier in Gold, Rest

SCHNITTMUSTERBOGEN A

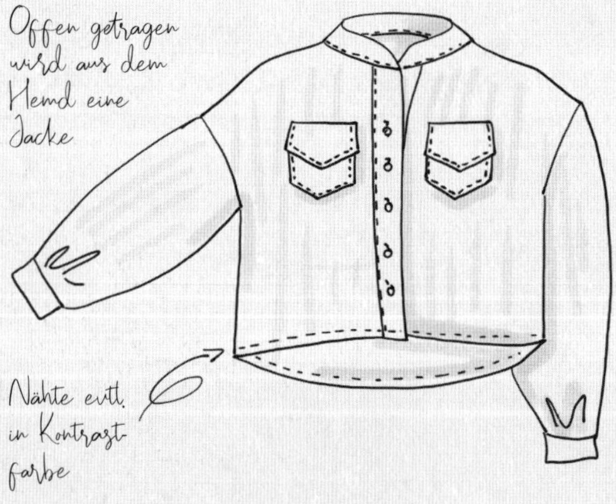

NAHTZUGABE

Alle Teile mit 1 cm (Nähmaschine) bzw. 0,7 cm Nahtzugabe (Overlock) zuschneiden, nur an den Taschenoberkanten KEINE Nahtzugabe zugeben. An den Säumen 2 bis 3 cm zugeben.

ZUSCHNITT

Hinweis: Alle Passzeichen mit einem Knips (2-3 mm tiefer Einschnitt in die Nahtzugabe) aus dem Schnittmuster übernehmen.

Stoff

- Stehkragen 2x im Stoffbruch
- Patte 4x
- Brusttasche 2x
- Manschette 2x
- Rückenteil 1x im Stoffbruch
- Knopfleiste 2x
- Ärmel 2x gegengleich
- Vorderteil 2x gegengleich

Vlieseinlage

- Stehkragen 1x im Stoffbruch
- Manschette 2x
- Knopfleiste: 2 Streifen à 48 x 2 cm

ERCI

So wird das Hemd genäht

Für die Tasche je zwei Pattenteile rechts auf rechts aufeinanderlegen und bis auf eine ca. 5 cm große Wendeöffnung an der langen geraden Kante ringsum zusammennähen. Die Nahtzugaben an den Ecken zurückschneiden, die Patten wenden, bügeln und die Nahtzugaben an den Wendeöffnungen nach innen bügeln.

Die Nahtzugaben der Taschen an den Seiten- und der Unterkante jeweils nach innen bügeln.

Die Oberkanten der Brusttaschen versäubern und 3 cm breit nach links umbügeln. Wer mag, steppt die Kanten ab.

Die Taschen wie im Schnitt eingezeichnet auf die Vorderteile stecken und aufsteppen, dabei den Nahtanfang und das Nahtende an der Taschenoberkante besonders gut sichern oder durch einen zusätzlichen Riegel aus Zickzackstichen stabilisieren.

Die Patten jeweils an der Markierung oberhalb der Taschen (siehe Schnitt) rechts auf rechts feststecken, sodass die Spitzen der Patten nach oben zeigen, und feststeppen. Dann die Patten nach unten klappen und bügeln. Bei Bedarf feststeppen oder mit Riegeln befestigen.

Die Vliesstreifen jeweils auf die äußeren Hälften der Knopfleisten bügeln (linke Stoffseite), die Nahtzugaben bleiben dabei frei. Auch auf die linke Seite eines Kragenteils Vlies aufbügeln.

Die Knopfleisten jeweils links auf links zur Hälfte legen, sodass die Längskanten aufeinanderliegen, bügeln und jeweils rechts auf links an die vorderen Kanten der Vorderteile steppen. Die Leisten liegen dabei also jeweils innen auf den linken Seiten der Vorderteile und die offenen Kanten von Leiste und Vorderteil jeweils aufeinander.

Knopfleiste nach vorne klappen bügeln und knappkantig feststeppen.

In die Knopfleiste des rechten Vorderteils mittig und in Längsrichtung Knopflöcher nähen. Das erste Knopfloch sitzt 2,5 cm unterhalb des Halsausschnitts, die anderen folgen in einem Abstand von jeweils 6,5 cm.

In der Mitte des Rückenteils mithilfe der Knipse am Halsausschnitt eine Kellerfalte legen. Die Falte 3 cm längs nach unten zusammennähen, dann die Faltentiefe am Halsausschnitt feststeppen und die Falte bügeln.

Auf den Beginn der Falte ein Dreieck (Seitenlänge ca. 2 cm) aus Kreativpapier nähen.

Die Vorderteile mit den Schultern rechts auf rechts auf das Rückenteil legen und die Schulternähte schließen.

Die Stehkragenteile rechts auf rechts aufeinanderlegen und die Oberkanten zusammennähen.

Die Nahtzugaben an den Rundungen bis auf 3 mm an die Naht zurückschneiden, dann den Kragen wenden und bügeln.

Die Nahtzugaben der offenen Unterkanten nach innen bugeln.

Den Halsausschnitt mithilfe der Knipse in den Kragen stecken und festnähen.

Die Ärmel ebenfalls mithilfe der Knipse an Vorder- und Rückenteil nähen.

Die Ärmel- und Seitennähte jeweils mit einer durchgehenden Naht rechts auf rechts schließen.

Die Manschetten jeweils rechts auf rechts zur Hälfte falten, sodass die Längskanten aufeinanderliegen und die beiden Schmalseiten zusammennähen.

Die Manschetten wenden und bügeln.

Die Nahtzugaben an der Öffnung jeweils 1 cm breit nach innen bügeln.

Die Ärmelsaumweite entweder auf die Weite der Manschette einkräuseln oder mithilfe der Passzeichen in kleine Fältchen legen.

Die Ärmelsäume jeweils in die Öffnung einer Manschette stecken. Die Manschette absteppen und dabei den Ärmelsaum mitfassen. Wie im Schnitt eingezeichnet Knopflöcher in die Manschetten nähen.

Den Saum des Hemds nach innen bügeln und absteppen. Passend zu den Knopflöchern die Knöpfe an die linke Knopfleiste und die Manschetten nähen.

Not my circus

Anleitung Seite 38

Boho-
Soul
Anleitung Seite 40

Not my circus

EXTRAVAGANT UND AUFFÄLLIG

Ich liebe die kleine Weste, weil sie auch schlichten Outfits eine ganz besondere Note gibt. Außerdem passt sie toll zu den Kleidern und Röcken in diesem Buch. Wenn du sie erst einmal in deinem Kleiderschrank hast, wirst du sie nicht mehr missen wollen.

SCHWIERIGKEITSGRAD 2

GRÖSSE

M (38/40)

MATERIAL

- Fester Strickstoff oder z. B. Cord, Samt, Jeans, Jacquard oder Stepper, 45 cm x 100 cm
- Einfassband, 3,4 m
- Kordel, 2,2 m
- 10 Knöpfe, ø ca. 1,5 cm

SCHNITTMUSTERBOGEN B

NAHTZUGABEN

Nur an den Schultern 1 cm Nahtzugabe zugeben. Alle anderen Kanten werden eingefasst und benötigen KEINE Nahtzugabe.

ZUSCHNITT

- Vorder- und Rückenteil 1x im Stoffbruch

So wird die Weste genäht

Den Linienverlauf auf die Vorderteile übertragen und die Kordel mit einem großen Steppstich oder einem kleinen Zickzackstich entlang der Linien aufsteppen.

Die Vorderteile rechts auf rechts auf das Rückenteil legen. Eine Schulternaht komplett schließen, an der zweiten Schulternaht am Halsausschnitt die letzten beiden Zentimeter offen lassen.

Die Armlöcher jeweils mit Einfassband einfassen.

Die komplette Außenkante mit Einfassband einfassen, dabei an der zwei Zentimeter großen Öffnung an der Schulternaht beginnen und enden.

Die Öffnung an der Schulternaht schließen.

Die Knöpfe jeweils auf die Kreuzungsstellen der Kordeln nähen.

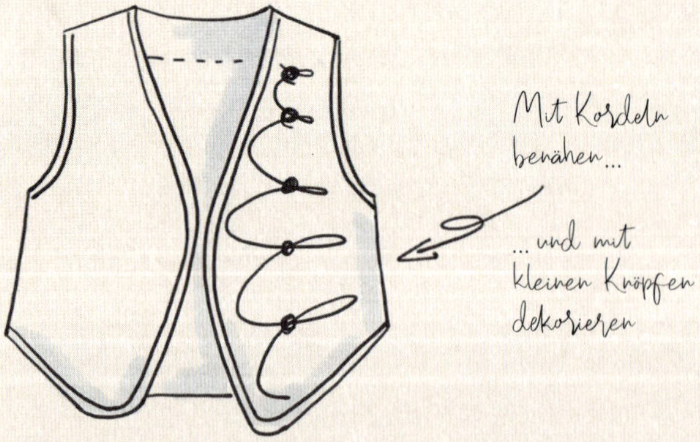

Boho-Soul

UNVERZICHTBARES BASIC

Eine schlichte, kurze Boho-Jacke ist die perfekte Ergänzung zu allen Teilen in diesem Buch. Für mein Modell habe ich einen Jacquard ausgesucht. Du kannst aber auch wunderbar Samt, Denim, Stepper oder auch Sweat verwenden.

SCHWIERIGKEITSGRAD ??

GRÖSSE

36 bis 46

MATERIAL

- Jacquard-Webware oder z. B. Cord, Sweat, Samt, Jeans oder Stepper, 140 cm breit,
  Größe 36-38: 1,10 m,
  Größe 40-46: 1,20 m
- Futter, 140 cm breit,
  Größe 36-38: 1,10 m,
  Größe 40-46: 1,20 m
- Einfassband, 3,2 m

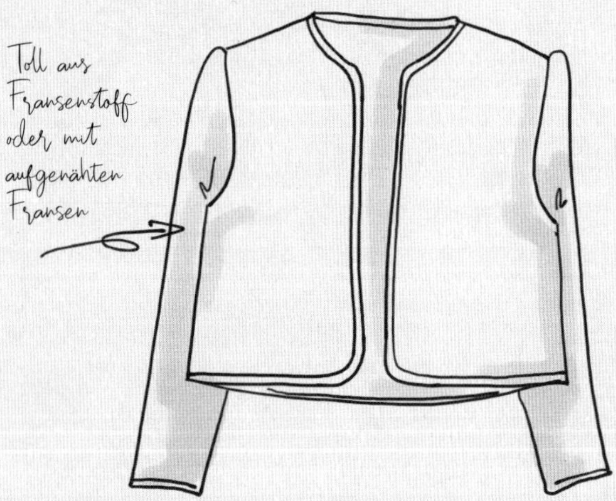

SCHNITTMUSTERBOGEN A

NAHTZUGABEN

An Schultern, Armloch, Armkugel und Armlängsnaht je 1 cm Nahtzugabe (Nähmaschine) bzw. 0,7 cm Nahtzugabe (Overlock) zugeben. Alle anderen Kanten und Säume werden eingefasst und benötigen somit KEINE Nahtzugabe.

ZUSCHNITT

Hinweis: Alle Passzeichen mit einem Knips (2-3 mm tiefer Einschnitt in die Nahtzugabe) aus dem Schnittmuster übernehmen.

Jeweils aus Oberstoff und Futter

- Rückenteil 1x im Stoffbruch
- Vorderteil 2x gegengleich
- Ärmel 2x gegengleich

So wird die Jacke genäht

Die Vorderteile rechts auf rechts auf das Rückenteil legen und die Schulternähte schließen. Die Nahtzugaben auseinanderbügeln.

Ärmel rechts auf rechts in die Armausschnitte nähen.

Ärmel- und Seitennähte jeweils mit einer durchgehenden Naht rechts auf rechts schließen und die Nahtzugaben auseinanderbügeln.

Die Futterjacke identisch fertigen.

Die Außenjacke auf rechts wenden und die Futterjacke links auf links in die Außenjacke stecken. An den Ärmelsäumen und allen Außenkanten beide Jacken aufeinanderheften.

Die Außenkanten und die Ärmelsäume jeweils rundum mit Einfassband einfassen. Mit dem Einfassen der Außenkante an einer Seitennaht beginnen und enden. Das Ende des Einfassbands jeweils ca. 1 cm breit nach links einschlagen.

Sweet like sugar

Anleitung Seite 44

Boho straight

Anleitung Seite 46

Sweet like sugar

DAS MUST-HAVE

Wenn du einen Schnitt für DAS Boho-Kleid suchst, dann ist Sweet like sugar perfekt für dich! Die Wickeloptik im Oberteil ist feminin und verspielt, die Stufen kannst du ganz nach Wunsch mit Borten, Spitzen, Pompons ... verzieren.

SCHWIERIGKEITSGRAD ??

GRÖSSE

36 bis 46

MATERIAL

- Leichte Webware, z. B. mit Blumenmuster, oder Jersey, z. B. mit Blattdesign, 140 cm breit,
  Größe 36-38: 2,3 m,
  Größe 40-46: 2,6 m
- Spitzenborte oder Musselinstreifen (unversäubert), 3 cm breit, Ausschnitt: 1,3 m, Rockansatznähte: 5 m (fertige Länge)

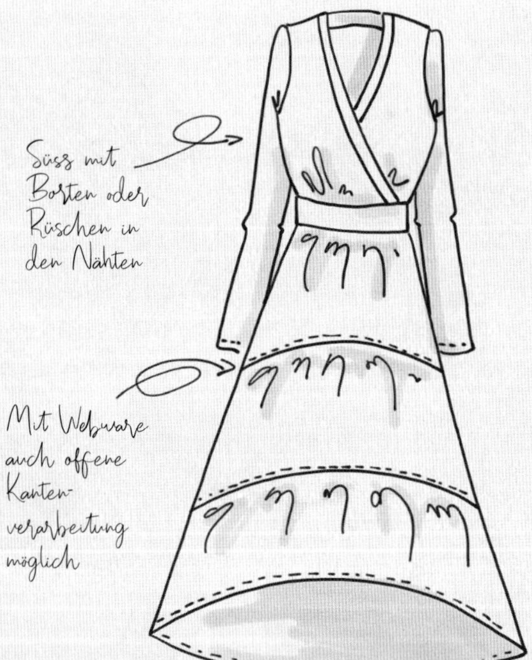

SCHNITTMUSTERBOGEN B

NAHTZUGABEN

Alle Teile mit 1 cm (Nähmaschine) bzw. 0,7 cm Nahtzugabe (Overlock) zuschneiden, an den Säumen 2 bis 3 cm zugeben.

ZUSCHNITT

Hinweise: Alle Passzeichen mit einem Knips (2-3 mm tiefer Einschnitt in die Nahtzugabe) aus dem Schnittmuster übernehmen.
Bei Webware die Ausschnittblende im schrägen Fadenlauf zuschneiden.

- Rückenteil 1x im Stoffbruch
- Vorderteil 2x gegengleich
- Ausschnittblende 1x im Stoffbruch
- Oberes Rockteil 2x im Stoffbruch
- Mittleres Rockteil 2x im Stoffbruch
- Unteres Rockteil 2x im Stoffbruch
- Ärmel 2x gegengleich

So wird das Kleid genäht

Die Vorderteile jeweils rechts auf rechts auf das Rückenteil legen und die Schulternähte schließen.

Wenn du magst, kannst du Spitzenborte oder Streifen aus Musselin in den Nähten mitfassen. Die Musselinstreifen werden zuerst gerafft. Dann Spitze oder Borte rechts auf rechts bündig an die Naht anlegen und mit einnähen.

Die Ausschnittblende links auf links zur Hälfte falten, sodass die Längskanten aufeinanderliegen. Die Blende mithilfe der Knipse rechts auf rechts an die Ausschnittkante stecken, dabei wird die Blende leicht gedehnt. Dann die Blende, ebenfalls mit leichter Dehnung, annähen. Die Blende nach außen bügeln und die Naht bei Bedarf absteppen.

Die Ärmel rechts auf rechts in die Armausschnitte nähen.

Die Ärmel- und Seitennähte jeweils mit einer durchgehenden Naht rechts auf rechts schließen.

Die beiden Vorderteile links auf rechts übereinanderlegen, sodass die vorderen Mitten aufeinandertreffen. Dann die Vorderteile entlang der Blendenansatznaht und an der Taillenkante aufeinandernähen.

Die oberen Rockteile an den Seitenkanten rechts auf rechts zusammennähen, sodass ein Ring entsteht. Die Oberkante dieses Rings auf die Weite der Taillenkante des Kleidoberteils einkräuseln. Dann den Ring rechts auf rechts über das Oberteil stülpen, sodass die Stoffkanten genau aufeinanderliegen, und die Teile zusammennähen.

Die mittleren und unteren Rockteile entsprechend annahen.

An den Ärmelsäumen und dem Rocksaum die Zugaben nach innen umschlagen und absteppen.

Meine Tipps für dich:

Du kannst die Ausschnitttiefe variieren, indem du vor dem Aufeinandernähen der Vorderteile das Oberteil anprobierst und schaust, wie weit sich die Teile überlappen sollen.

Möchtest du einen etwas tieferen Ausschnitt, kannst du die Schrägung am Vorderteil steiler zuschneiden.

Boho straight

MIT EINFACHEM BLUSENKRAGEN

Mit diesem Hemdblusenkleid bist du immer gut angezogen. Du kannst es solo oder mit Leggings tragen. Auf die Teilungsnaht kannst du ganz nach Wunsch Bänder oder Borten nähen.

SCHWIERIGKEITSGRAD 3

GRÖSSE

36 bis 46

MATERIAL

- Webware aus Baumwolle, Viskose oder Leinen, 140 cm breit,
  Größe 36-38: 1,7 m,
  Größe 40-46: 1,9 m
- Vlieseinlage, 90 cm breit, 30 cm
- 9 Knöpfe, ø ca. 1,5 cm
- Bommelborte, 65 cm (optional)

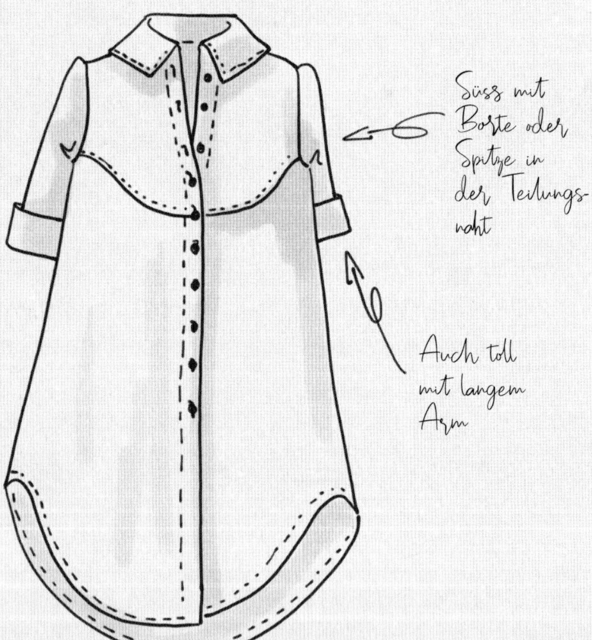

SCHNITTMUSTERBOGEN A+B

NAHTZUGABEN

Alle Teile mit 1 cm (Nähmaschine) bzw. 0,7 cm Nahtzugabe (Overlock) zuschneiden, am Saum 2 bis 3 cm zugeben. Die Saumzugabe an den Ärmeln ist bereits im Schnitt enthalten.

ZUSCHNITT

Hinweis: Alle Passzeichen mit einem Knips (2-3 mm tiefer Einschnitt in die Nahtzugabe) aus dem Schnittmuster übernehmen.

Stoff

- Rückenteil 1x im Stoffbruch
- Vorderteil 2x gegengleich
- Passe 2x gegengleich
- Oberkragen 1x im Stoffbruch
- Unterkragen 1x im Stoffbruch
- Ärmel 2x gegengleich

Vlieseinlage

- Unterkragen 1x im Stoffbruch
- 2 Streifen à 3 x 90 cm

So wird das Kleid genäht

Passen- und Vorderteile jeweils rechts auf rechts aufeinanderlegen und mithilfe der Knipse die Teilungsnähte schließen. Nahtzugaben nach unten bügeln und bei Bedarf die Nähte absteppen.

Die Vliesstreifen auf die Knopfleisten an Passe und Vorderteil bügeln. Der Streifen wird auf den 3 cm breiten Streifen aufgebügelt, der im Schnitt eingezeichnet ist. Du hast die Wahl, ob du die Knopfleistenbelege nach innen oder nach außen fertigst: Sollen sie nach innen, bügelst du die Vliesstreifen jeweils auf die linke Stoffseite, sollen sie nach außen, bügelst du die Streifen auf die rechte Stoffseite.

Bügle die vorderen Kanten jeweils erst 2,5 cm und dann noch einmal 3 cm breit um – entweder nach innen oder nach außen. Falls dein Beleg nach innen zeigt, nähst du die Bommelborte an, bevor du die Knopfleiste absteppst, sodass das Ende der Bommelborte innen im Beleg verschwindet. Steppe dann die Knopfleiste knappkantig ab. Zeigen die Belege nach außen, kannst du jetzt die Bommelborte aufnähen und dabei das Bortenende jeweils um die vordere Kante der Leiste nach innen umlegen.

In die Knopfleiste des rechten Vorderteils mittig und in Längsrichtung Knopflöcher nähen. Das erste Knopfloch sitzt 2 cm unterhalb des Halsausschnitts, die anderen folgen in einem Abstand von jeweils 8 cm.

In der Mitte des Rückenteils mithilfe der Knipse am Halsausschnitt eine Kellerfalte legen. Die Falte 3 cm längs nach unten zusammennähen, dann die Faltentiefe am Halsausschnitt feststeppen und die Falte bügeln.

Die Vorderteile rechts auf rechts auf das Rückenteil legen und die Schulternähte schließen.

Den Ober- und Unterkragen rechts auf rechts aufeinanderlegen und die äußeren Kanten – das sind die Schmalseiten und die gerade obere Kante – aufeinandernähen.

Die Nahtzugaben an den Spitzen bis dicht an die Naht schräg abschneiden, an den Rundungen der Schmalseiten die Nahtzugaben etwas einschneiden.

Den Kragen wenden und bügeln. Die Nahtzugaben an der Öffnung 1 cm breit nach innen bügeln. Dann den Kragen mithilfe der Knipse an den Halsausschnitt stecken und festnähen.

Die Ärmel ebenfalls mithilfe der Knipse in die Armausschnitte nähen.

Die Ärmel- und Seitennähte jeweils mit einer durchgehenden Naht rechts auf rechts schließen.

Die angeschnittenen Ärmelsäume jeweils zweimal 5 cm breit nach außen umbügeln und absteppen oder mit Riegeln fixieren.

Den unteren Rand versäubern, dann schmal säumen.

Die Knöpfe passend zu den Knopflöchern auf die linke Seite der Knopfleiste nähen.

Quick
& easy

Anleitung Seite 50

Deep breath

Anleitung Seite 52

Quick & easy

SCHNELL GENÄHT OHNE SCHNITT

Für dieses Kleid brauchst du keinen Schnitt. Einfach nur die Schemazeichnung auf den Stoff übertragen, zuschneiden und nähen. Ich trage bei diesem Modell gerne einen Gürtel in der Taille, das sorgt für eine schöne Silhouette.

SCHWIERIGKEITSGRAD 2

GRÖSSE

Einheitsgröße

MATERIAL

- Jersey, 140 cm breit, 1,15 m
- Stoffstreifen für die Rüsche (optional), 20 cm breit, 2,8 m
- Schmales Gummiband, ca. 0,5 cm breit, 2,4 m
- Schrägband für den Hals- und die Armausschnitte, fertige Breite 1 cm, 2,5 m

SCHEMA

Auf Seite 88 ist das Schema nochmals groß abgebildet.

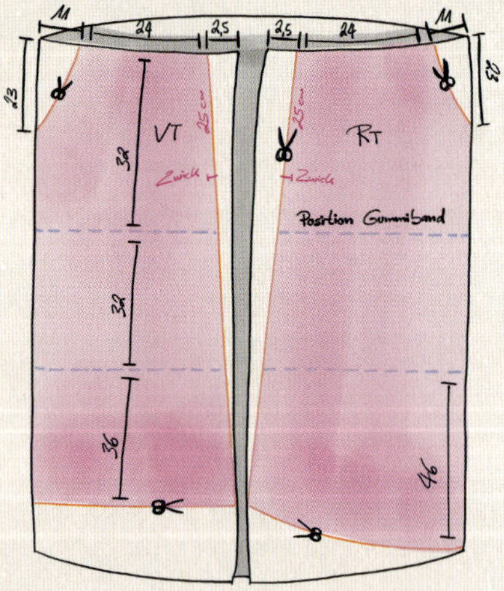

NAHTZUGABEN

Das Schema zeigt den fertigen Zuschnitt inkl. 1 cm Nahtzugaben und 2 cm Saumzugaben.

ZUSCHNITT

Mit den Längen, die im Schema angegeben sind, wird das Kleid hinten 110 cm lang, vorne 100 cm. Soll das Kleid länger oder kürzer sein, kann die Länge natürlich variiert werden.

Den Stoff auseinanderfalten und dann die seitlichen Webkanten jeweils zur Mitte legen. Die Webkanten treffen sich nun also mittig und rechts und links entsteht jeweils ein Stoffbruch.

Das Schema auf den Stoff übertragen und Rücken- und Vorderteil zuschneiden.

Die gestrichelten, horizontalen Linien zeigen die Höhen an, in der die Gummibänder aufgenäht werden. Diese Höhen nach dem Zuschnitt durch Knipse an den Seitennähten markieren.

So wird das Kleid genäht

Das Gummiband in 4 Stücke à 60 cm schneiden.

Die Gummibandstücke auf der linken Stoffseite unter leichter Spannung quer von Knips zu Knips mit Zickzackstichen aufnähen. So werden Vorder- und Rückenteil an den Positionen leicht gesmokt.

Vorder- und Rückenteil rechts auf rechts aufeinanderlegen und die Schulternähte schließen, dabei an einer Schulternaht das letzte Stück bis zum Halsausschnitt 2-3 cm weit offen lassen.

Mit einem Teil des Schrägbands unter leichter Spannung den Halsausschnitt rundum einfassen.

Anschließend das kleine, noch offene Stück an der Schulternaht schließen.

Mit jeweils einem weiteren Stück des Schrägbands die Armausschnitte zwischen den Knipsen einfassen.

Die Seitennähte jeweils rechts auf rechts schließen und dabei darauf achten, dass die Gummibänder genau aufeinandertreffen.

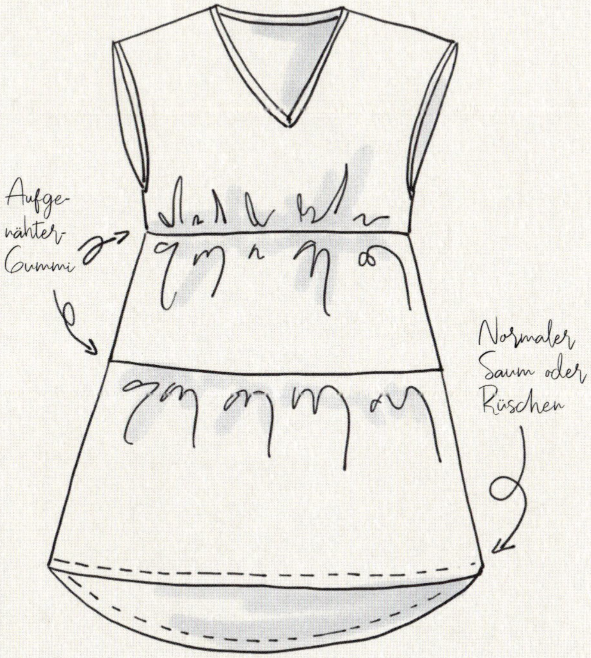

Entweder einen einfachen Saum an der unteren Kleidkante arbeiten oder noch eine Rüsche als Abschluss annähen. Dazu einen 15 bis 20 cm breiten Stoffstreifen in kleine Kellerfalten legen und dann rechts auf rechts an die untere Kante nähen. Den Streifen nach unten bügeln und säumen.

Deep breath

LÄSSIG IM SAROUEL-LOOK

Haremshosen sind herrlich bequem und ein Muss für den Boho-Look. Durch den tiefen Schritt bieten sie jede Menge Bewegungsfreiraum und werden daher auch gerne beim Praktizieren von Yoga getragen.

SCHWIERIGKEITSGRAD 1

MATERIAL

- Dünner Jacquardstrick, Sweat oder Jersey, 140 cm breit, Größe 36-40: 1,7 m, Größe 42-46: 1,8 m

SCHNITTMUSTERBOGEN B

NAHTZUGABEN

Alle Teile mit 1 cm (Nähmaschine) bzw. 0,7 cm Nahtzugabe (Overlock) zuschneiden, an den Säumen 2 bis 3 cm zugeben.

ZUSCHNITT

Hinweis: Alle Passzeichen mit einem Knips (2-3 mm tiefer Einschnitt in die Nahtzugabe) aus dem Schnittmuster übernehmen.

- Hinteres Hosenteil 2x gegengleich
- Vorderes Hosenteil 1x im Stoffbruch
- Hinterer Taschenbeutel 2x gegengleich
- Vorderer Taschenbeutel 2x gegengleich
- Bund 1x im Stoffbruch

So wird die Hose genäht

Den vorderen Taschenbeutel rechts auf rechts an die Tascheneingriffskante des entsprechenden vorderen Hosenteils stecken und an der Eingriffskante annähen.

Die Nahtzugaben zum Taschenbeutel bügeln und die offenen Kanten der Nahtzugaben knappkantig auf den vorderen Taschenbeutel steppen. So verhinderst du, dass sich die Nahtzugaben einrollen.

Den vorderen Taschenbeutel nach innen wenden und die Kante bügeln.

Den hinteren Taschenbeutel rechts auf rechts hinter den angenähten vorderen Taschenbeutel legen sodass die rechte Seite am Tascheneingriff sichtbar ist, und beide Taschenbeutel an der Rundung zusammennähen.

Die Tasche an der Seiten- und Taillenkante mit großem Stich innerhalb der Nahtzugabe auf der Vorderhose fixieren.

Die zweite Tasche entsprechend nähen.

Die hinteren Hosenteile rechts auf rechts legen und in der hinteren Mitte zusammennähen.

Die hinteren und vorderen Hosenteile rechts auf rechts aufeinanderlegen und die Seitennähte schließen.

Den Hosenbund rechts auf rechts legen und die kurzen Seiten zusammennähen, sodass ein Ring entsteht. Die Nahtzugaben auseinanderbügeln und den Bund links auf links zusammenklappen, sodass die offenen Längskanten aufeinanderliegen und der Ring nur noch halb so hoch ist.

An Hosenbund und Taillenkante die Weite mit Stecknadelmarkierungen in Viertel teilen, dafür jeweils die vordere auf die hintere Mitte legen (beim Hosenbund ist in der hinteren Mitte die Naht) und die Brüche, die dadurch an den Seiten entstehen, mit Stecknadeln markieren.

Den Hosenbund rechts auf rechts über die fertige Hose stülpen, sodass die offenen Kanten des Hosenbunds auf der Taillenkante der Hose und die Markierungsnadeln jeweils übereinanderliegen. Die Naht des Hosenbunds liegt dabei in der hinteren Mitte.

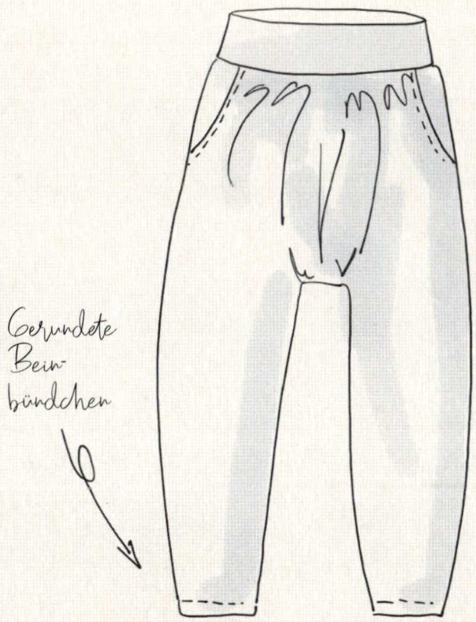

Hose und Bund zusammennähen. Nach Wunsch die Naht absteppen.

Für die Beinsäume die Kanten jeweils 2 cm breit nach innen einschlagen und absteppen.

Dancing in the sunset

Anleitung Seite 56

Vokuhila

Anleitung Seite 58

Dancing in the sunset

MIT EXTRA VIEL BEWEGUNGSFREIHEIT

Wie toll, dass Hosenröcke wieder angesagt sind! Sie sind so lässig und cool, zudem auch noch bequem und praktisch. Bei meinem Modell habe ich für einen extra Boho-Effekt mit neonfarbenem Garn verschiedene Knöpfe auf den Fake-Schlitz genäht.

SCHWIERIGKEITSGRAD ??

GRÖSSE

36 bis 46

MATERIAL

- Dehnbarer Stoff, elastischer Denim oder Sweat, 140 cm breit, Größe 36-38: 1,8 m, Größe 40-46: 1,9 m
- 4-5 Knöpfe, ø ca. 1 cm
- Gummiband (optional): 6 cm breit, in der Länge des Schnittteils Bund in deiner Größe minus 10 %

SCHNITTMUSTERBOGEN A

NAHTZUGABEN

Alle Teile mit 1 cm (Nähmaschine) bzw. 0,7 cm Nahtzugabe (Overlock) zuschneiden, an den Säumen 2 bis 3 cm, an den Taschenoberkanten nichts zugeben.

ZUSCHNITT

Hinweis: Alle Passzeichen mit einem Knips (2-3 mm tiefer Einschnitt in die Nahtzugabe) aus dem Schnittmuster übernehmen.

- Hinteres Hosenteil 2x gegengleich
- Vorderes Hosenteil 2x gegengleich
- Bund 1x im Stoffbruch
- Gesäßtasche 2x

So wird der Hosenrock genäht

Jeweils 3 Falten von Knips zu Knips, wie im Schnitt angegeben, an den vorderen Hosenteilen feststecken und mit einigen Stichen an der Bundkante fixieren und bügeln.

Ich steppe die Falten gerne ca. 8 cm weit vertikal ab.

An den hinteren Hosenteilen die Abnäher rechts auf rechts schließen und zur Mitte bügeln.

Die Oberkanten der Taschen versäubern, 3 cm breit nach rechts umklappen und den Umschlag an den Seiten festnähen. Die Nahtzugaben an den oberen Ecken schräg abschneiden und den Umschlag wenden.

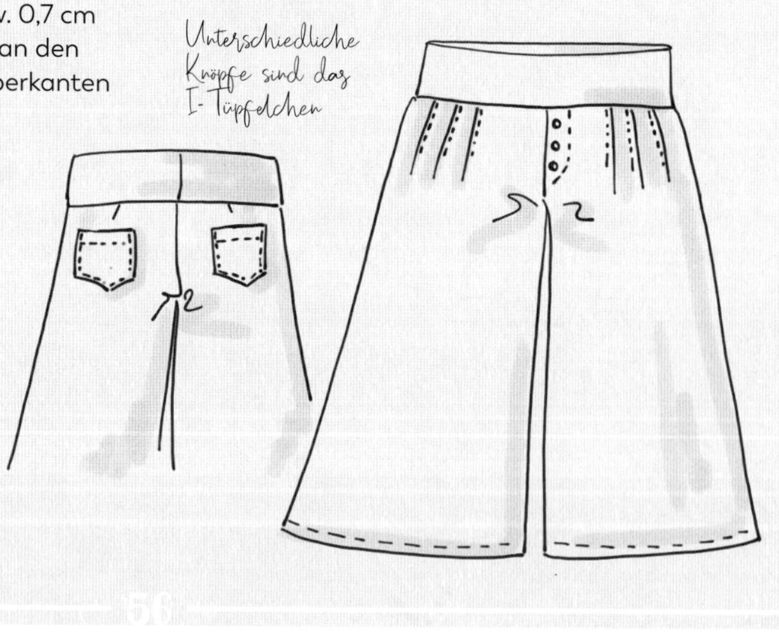

Die Nahtzugaben der Taschen an den Seiten- und der Unterkante jeweils nach innen bügeln.

Die Taschen wie im Schnitt eingezeichnet auf die hinteren Hosenteile stecken und aufsteppen, dabei den Nahtanfang und das Nahtende an der Taschenoberkante besonders gut sichern oder durch einen zusätzlichen Riegel aus Zickzackstichen stabilisieren.

Jeweils die vorderen und hinteren Hosenteile rechts auf rechts aufeinanderlegen und die äußeren und inneren Beinnähte schließen.

Ein Bein auf rechts wenden und in das andere Hosenbein stecken, sodass die rechten Stoffseiten aufeinanderliegen. Die Schrittnaht von vorn bis hinten schließen, auch am Beleg die beiden Hosenbeine entlang der vorderen Mitte zusammennähen. Die Hose auf rechts wenden.

Den Schlitzbeleg innen nach rechts legen (wenn man auf die Hose schaut) und den Beleg und die komplette Schrittnaht in einem Arbeitsgang knappkantig absteppen.

Für die Beinsäume, die unteren Hosenkanten entweder 2 cm breit nach innen bügeln und absteppen oder die Kanten zweimal 1 cm breit nach innen bügeln und den Umschlag knappkantig absteppen.

Den Hosenbund rechts auf rechts legen und die kurzen Seiten zusammennähen, sodass ein Ring entsteht. Dabei eventuell im ersten Teil der Naht oberhalb der Mitte des Bunds eine Öffnung für einen Gummizug lassen.

Die Nahtzugaben auseinanderbügeln und den Bund links auf links zusammenklappen, sodass die offenen Längskanten aufeinanderliegen und der Ring nur noch halb so hoch ist.

An Hosenbund und Taillenkante die Weite mit Stecknadelmarkierungen in Viertel teilen, dafür jeweils die vordere auf die hintere Mitte legen – beim Hosenbund ist in der hinteren Mitte die Naht – und die Brüche, die dadurch an den Seiten entstehen, mit Stecknadeln markieren.

Den Hosenbund rechts auf rechts über die fertige Hose stülpen, sodass die offenen Kanten des Hosenbunds auf der Taillenkante der Hose und die Markierungsnadeln jeweils übereinanderliegen. Die Naht des Hosenbunds liegt dabei in der hinteren Mitte, die Öffnung für den Gummizug, falls vorhanden, zeigt nach außen. Hose und Bund zusammennähen.

Bei Bedarf ein Gummi einziehen und in der passenden Weite zum Ring zusammennähen.

Platziere die Knöpfe in gleichmäßigen Abständen auf Bund und Hosenschlitz.

Vokuhila

EXTRAVAGANT UND VERSPIELT

Die besondere Schnittführung „vorne kurz, hinten lang" betont wunderbar deine Beine, bietet viel Bewegungsfreiheit beim Tanzen und eignet sich daher super für Festivals.

SCHWIERIGKEITSGRAD 2

GRÖSSE

36 bis 46

MATERIAL

- Leichte Webware, z. B. aus Viskose, 140 cm breit, für die Variante mit einfacher Saumblende,
  Größe 36-40: 4,9 m,
  Größe 42-46: 5,3 m
- Vlieseinlage, 90 cm breit, 15 cm (heller Rock)
- Webband, 5 cm breit, Länge entsprechend des Bundes
- Reißverschluss, 20 cm

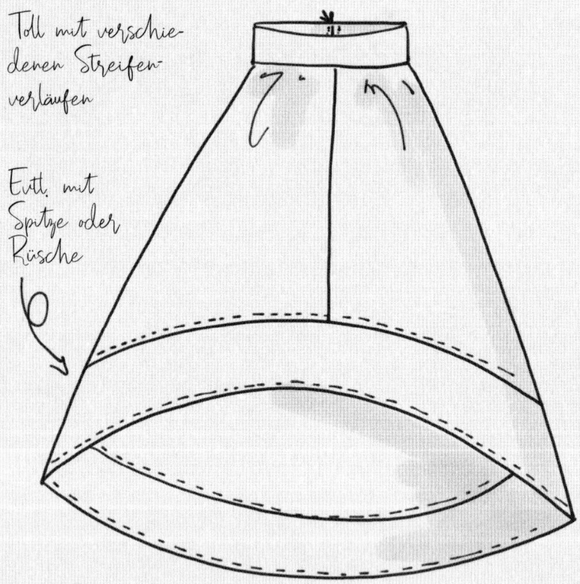

SCHNITTMUSTERBOGEN A+B

NAHTZUGABEN

Alle Teile mit 1 cm (Nähmaschine) bzw. 0,7 cm Nahtzugabe (Overlock) zuschneiden, an den Säumen 2 bis 3 cm zugeben.

ZUSCHNITT

Hinweis: Alle Passzeichen mit einem Knips (2-3 mm tiefer Einschnitt in die Nahtzugabe) aus dem Schnittmuster übernehmen.

Stoff

- Bund 1x im Stoffbruch
- Rock 2x gegengleich oder 1x im Stoffbruch in der vorderen Mitte
- Vordere Saumblende 1x bzw. 2x im Stoffbruch (siehe Tipp)
- Hintere Saumblende 1x bzw. 2x im Stoffbruch (siehe Tipp)

Hinweis: Wenn du die Saumblenden doppelt zuschneidest, kannst du beide Blenden zuerst jeweils zum Ring zusammennähen und dann an der Unterkante rechts auf rechts zusammensteppen. Wende dann die komplette Blende und näh sie wie beschrieben an den Rock. Dann sieht man – wenn der asymmetrische Look den Blick auf die Rockinnenseite frei gibt – auch hier die schöne Stoffseite.

Vlieseinlage

- Bund 1x im Stoffbruch

So wird der Rock genäht

Die Rockteile rechts auf rechts aufeinanderlegen und in der vorderen Mitte zusammennähen. Die Nahtzugaben auseinanderbügeln. Falls du den Rock im Stoffbruch zugeschnitten hast, entfällt dieser Schritt natürlich.

Die Naht in der hinteren Mitte bis zur Reißverschlussmarkierung rechts auf rechts schließen und auch hier die Nahtzugaben auseinanderbügeln.

Für den hellen Rock Vlies auf die linke Seite des Stoffbunds bügeln. Dann den Bund links auf links zur Hälfte falten, sodass die Längskanten aufeinanderliegen und bügeln, die Bügelkante ist die Oberkante des Bunds.

Den Bund wieder auseinanderfalten, rechts auf rechts auf die Taillenkante des Rocks legen und annähen. Die Nahtzugaben in den Bund bügeln.

Am Reißverschlussschlitz in der hinteren Mitte die Nahtzugaben von Bund und Rock 1 cm breit nach links umbügeln. Auch die Nahtzugabe an der noch offenen Längskante des Bunds nach links umbügeln.

Den Reißverschluss unter dem Schlitz festheften, sodass das obere Reißverschlussende genau an die eingebügelte Bundoberkante stößt. Den Reißverschluss feststeppen.

Den Bund wieder links auf links zusammenlegen, sodass der Reißverschluss im Bundbereich von beiden Seiten gefasst wird. Den Bund im Nahtschatten der Taillennaht feststeppen.

Die Bundinnenseite am Reißverschluss fixieren, entweder von außen mit der Maschine, indem du noch einmal durch die bereits bestehende Naht nähst, oder von innen mit der Hand.

Die Saumblenden rechts auf rechts aufeinanderlegen und an den Seiten zusammennähen.

Die zusammengesetzte Saumblende rechts auf rechts auf den Rocksaum legen, festnähen und nach außen bügeln.

Die Saumzugabe an der Blende nach innen umbügeln und absteppen.

Mein Tipp für dich:

Toll sieht es auch aus, wenn du den Fadenlauf ignorierst und z. B. einen Streifenstoff so zuschneidest, dass in der vorderen Mitte die Streifen im 45°-Winkel zusammenlaufen.

An den gestreiften Rock habe ich anstatt des Bunds ein schönes Webband genäht. Dieses auf die Länge des Bunds (siehe Schnittmuster) zuschneiden und links auf rechts aufnähen.

Statt der Blenden kannst du einen Stoffstreifen, den du auf die Saumweite des Rocks einkräuselst, als Rüsche annähen und auf die Naht ein Webband nähen.

Bit of gipsy

Anleitung Seite 62

Simple but cool

Anleitung Seite 64

Bit of gipsy

MIT WIPPENDEN VOLANTS

Perfekt für die Poolparty, genauso aber auch im Alltag tragbar: der tolle Rock mit Wickeleffekt und wippenden Volants. Ich habe mich hier für ein schlichtes Design entschieden, du kannst aber auch gerne zu intensiven Farben greifen. Wichtig: Der Stoff muss leicht und fließend sein!

SCHWIERIGKEITSGRAD ??

GRÖSSE

36 bis 46

MATERIAL

- Leichte, fließende Webware, z. B. Viskose, 140 cm breit, Größe 36-40: 3,2 m, Größe 42-46: 3,4 m
- Reißverschluss, 20 cm
- Vlieseinlage, 90 cm breit, 10 cm

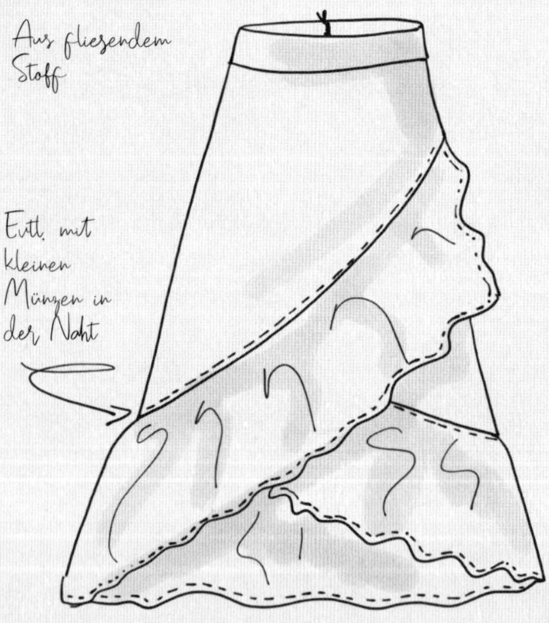

SCHNITTMUSTERBOGEN A + B

NAHTZUGABEN

Alle Teile mit 1 cm (Nähmaschine) bzw. 0,7 cm Nahtzugabe (Overlock) zuschneiden, an den Säumen 2 bis 3 cm zugeben.

ZUSCHNITT

Hinweis: Alle Passzeichen mit einem Knips (2-3 mm tiefer Einschnitt in die Nahtzugabe) aus dem Schnittmuster übernehmen.

Stoff

- Vorderes Rockteil 2x gegengleich
- Hinteres Rockteil 2x gegengleich
- Vorderer Volant 2x gegengleich
- Hinterer Volant 1x im Stoffbruch
- Bund 1x im Stoffbruch

Vlieseinlage

- Bund 1x im Stoffbruch

So wird der Rock genäht

Die vorderen Volants jeweils rechts auf rechts mithilfe des Knipses an die Saumkanten der Vorderteile nähen. Dabei sitzt die schmale Seite des Volants jeweils an der kurzen Seite des Rockteils.

An den Unterkanten der Volants entweder einen Rollsaum oder einen schmalen Saum arbeiten.

Die beiden vorderen Rockteile aufeinanderlegen und oben an den Seitenkanten innerhalb der Nahtzugabe aufeinander fixieren.

Die hinteren Rockteile unterhalb der Reißverschlussmarkierung rechts auf rechts zusammennähen und die Nahtzugaben auseinanderbügeln.

Den hinteren Volant rechts auf rechts an die Unterkante der hinteren Rockteile nähen. Auch hier den Volantsaum entweder als Rollsaum oder als schmalen Saum arbeiten.

Vorder- und Hinterrock rechts auf rechts aufeinanderlegen und die Seitennähte schließen.

Den Vliesbund auf die linke Seite des Stoffbunds bügeln. Dann den Bund links auf links zur Hälfte falten, sodass die Längskanten aufeinanderliegen und bügeln. Die Bügelkante ist die Oberkante des Bunds.

Den Bund wieder auseinanderfalten, rechts auf rechts auf die Taillenkante des Rocks legen und annähen. Die Nahtzugaben in den Bund bügeln.

Am Reißverschlussschlitz in der hinteren Mitte die Nahtzugaben von Bund und Rock 1 cm breit nach links umbügeln. Auch die Nahtzugabe an der noch offenen Längskante des Bunds nach links umbügeln.

Den Reißverschluss unter dem Schlitz festheften, sodass das obere Reißverschlussende genau an die eingebügelte Bundoberkante stößt. Den Reißverschluss feststeppen.

Den Bund wieder links auf links zusammenlegen, sodass der Reißverschluss im Bundbereich von beiden Seiten gefasst wird. Den Bund im Nahtschatten der Taillennaht feststeppen.

Die Bundinnenseite am Reißverschluss fixieren, entweder von außen mit der Maschine, indem du noch einmal durch die bereits bestehende Naht nähst, oder von innen mit der Hand.

Simple but cool

ALS KLEID UND ROCK TRAGBAR

Dieses Modell ist ideal für deine Boho-Urlaubsgarderobe. Du kannst es zusammen mit einem Oberteil aus diesem Buch als langen Rock tragen oder du trägst es als Bandeaukleid.

SCHWIERIGKEITSGRAD 1

GRÖSSE

36 bis 46

MATERIAL

- Jacquardstrick oder Jersey, 140 cm breit, Wunschlänge des Rocks/Kleids plus 30 cm
- Gummiband (optional), 10 cm breit, Länge: Brustweite minus 10 cm

SCHEMA

Auf Seite 89 ist das Schema nochmals groß abgebildet.

NAHTZUGABEN

Das Schema zeigt dir den fertigen Zuschnitt inkl. 1 cm breiter Nahtzugaben und 2 cm Saumzugabe.

ZUSCHNITT

Den Stoff rechts auf rechts zur Hälfte falten, sodass die Webkanten aufeinanderliegen.

Die Linien vom Schema auf den Stoff übertragen und das Rockteil 2x sowie den Bund 1x im Stoffbruch zuschneiden.

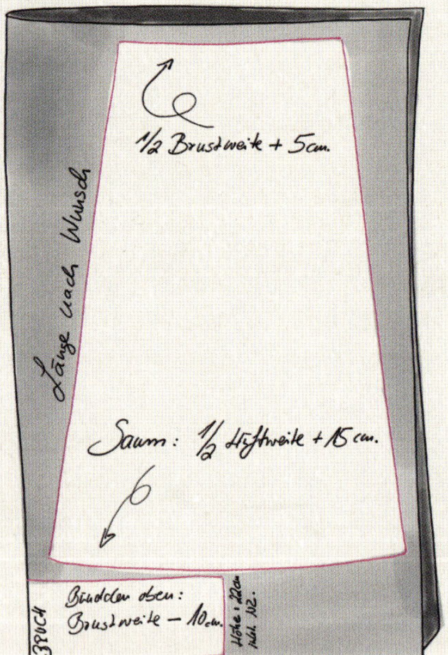

So wird der Rock bzw. das Kleid genäht

Die beiden Kleidteile rechts auf rechts aufeinanderstecken und die Seitennähte schließen.

Am Bund die Schmalseiten rechts auf rechts zusammennähen, sodass ein Ring entsteht. Dabei eventuell im ersten Teil der Naht oberhalb der Mitte des Bunds eine Öffnung für einen Gummizug lassen. Die Nahtzugaben auseinanderbügeln.

Den Bund links auf links zur Hälfte falten und bügeln, sodass die Längsseiten aufeinanderliegen.

Der Bund ist schmaler als die Rock- bzw. Kleidoberkante. Die vordere und hintere Mitte am Kleid/Rock jeweils markieren. Dafür die Seitennähte aufeinanderlegen und die entstehenden Brüche an den Seiten mit Stecknadeln markieren. Den Bund mit Markierungsnadeln ebenfalls in 4 gleich große Stücke unterteilen. Dann den Bund mithilfe der Markierungsnadeln rechts auf rechts an die Kleid-/Rockkante stecken – die Öffnung für den Gummizug zeigt dabei nach außen – und gedehnt annähen.

Bei Bedarf ein Gummi einziehen und in der passenden Weite zum Ring zusammennähen.

Den Saum fertigen.

String for the bottle

Anleitung Seite 68

Button bag

Anleitung Seite 70

String for the bottle

PRAKTISCH UND NACHHALTIG

Am Strand und Baggersee, beim Stadtbummel, auf Festivals ... mit dieser Tasche ist dein Getränk immer stylisch mit dabei und griffbereit.

SCHWIERIGKEITSGRAD 1

MATERIAL

- Baumwollkordel, ø ca. 5 mm (für eine Tasche mit einem Durchmesser von ca. 10-12 cm und einer Höhe von 18-20 cm brauchst du etwa 30 m Kordel)
- 2 Karabiner, 4 cm
- Schieber, 4 cm
- Taschengurt, 4 cm breit, 150 cm
- Kreativpapier in Gold

So wird die Tasche genäht

Hinweis: Um diese Tasche nähen zu können, brauchst du eine Freiarmnähmaschine. Der Durchmesser der Tasche muss mindestens so groß sein, dass du die Tasche über den Freiarm schieben kannst. Alles andere kannst du nach Lust und Laune variieren.

Für den Taschenboden ein Kordelende 1 cm weit umklappen und dieses Kordelende so unter die Nähmaschine legen, dass der Umschlag mit Zickzackstichen festgenäht werden kann. Die Kordel von hier aus nach und nach weiter in Schneckenform zu einem Kreis legen und fortlaufend von innen nach außen mit Zickzackstichen zusammennähen.

Hat der Boden die gewünschte Größe erreicht, die Kordel abschneiden und das Kordelende gut mit Zickzackstichen festnähen und sichern.

Der Taschenkörper besteht aus einem Schlauch, der den gleichen Durchmesser wie der Taschenboden hat. Für die erste Runde Taschenboden Maß nehmen und den Kordelanfang gut mit Zickzackstichen vernähen.

Dann die Kordel immer weiter in Runden legen und festnähen, sodass eine Art Hülse entsteht. Wenn die gewünschte Höhe erreicht ist, in der letzten Runde zwei Lücken von etwa 2 cm Breite lassen, die sich gegenüberliegen. Für die Lücken die Kordel einfach ein Stück weit nicht festnähen, die Kordel aber vor und hinter der Lücke jeweils gut durch Vor- und Zurücknähen sichern. Die Lücken sind für die Karabiner, die den Taschengurt halten.

Das Ende der Kordel kann in ein kleines Rechteck Kreativpapier eingenäht werden, sodass es nicht ausfranst.

Den Boden von Hand an den Taschenkörper nähen.

Die Tasche mit aufgedrehten Kordelstücken in Makramee-Optik dekorieren.

Die Enden des Gurtbands versäubern. Einen Karabiner an einem Gurtende fest annähen, den anderen Karabiner am anderen Ende aufschieben und den Umschlag mit dem Schieber fixieren. Den Taschengurt mit Karabinerhaken an den beiden Lücken der Tasche befestigen.

Button bag

MIT AUFFÄLLIGEN ÖSEN

In die kleine runde Tasche passt alles rein, was du im Alltag benötigst. Du kannst sie natürlich auch aus vielen anderen Stoffen nähen. Wichtig ist, dass du dein Material mit geeigneter Bügeleinlage gut verstärkst, damit die Tasche Stand bekommt.

SCHWIERIGKEITSGRAD 2

GRÖSSE

Durchmesser 24 cm, 7 cm tief

MATERIAL

- Kunstleder metallic (Oberstoff), 140 cm breit, 30 cm
- Baumwollstoff (Futterstoff), 150 cm breit, 30 cm
- Volumenvlies, 90 cm breit, 40 cm
- Endlosreißverschluss mit 5 mm breiter Raupe, 40 cm
- 4 Ösen, ø 2 cm
- Kordel, ø 8 mm, 60 cm
- 1 Reißverschlussschieber
- 2 D-Ringe, 25 mm
- 2 Karabiner, 25 mm
- Schieber, 25 mm
- Gurtband, 25 mm breit, 1,8 m
- Textilkleber

SCHNITTMUSTERBOGEN A

ZUSCHNITT

Nahtzugaben von 1 cm sind in den Schnittteilen und den Zuschnittmaßen bereits enthalten.

Oberstoff

- Taschenteil 2x
- Ösenabdeckung 1x
- Boden: 1 Rechteck à 39,5 cm x 9 cm
- Seitenteile: 2 Rechtecke à 39,5 cm x 5 cm
- Laschen: 2 Quadrate à 10 cm x 10 cm

Futterstoff und Vlieseinlage

- Taschenteil 2x
- Boden: 1 Rechteck à 39,5 cm x 9 cm
- Seitenteile: 2 Rechtecke à 39,5 cm x 5 cm

Hinweis: Diese Tasche hat Nastja von DIY Eule für ihr Buch „Taschen nähen mit DIY Eule" (ISBN 978-3-7724-8155-0) entwickelt. Sie hat mir den Grundschnitt freundlicherweise zur Verfügung gestellt und ich habe mir die Variante mit Ösen überlegt.

DIY Eule

So wird die Tasche genäht

Die Vliesteile auf die linken Stoffseiten der entsprechenden Teile aus Oberstoff bügeln. Bei Kunstleder vorsichtig bügeln, damit das Material nicht schmilzt.

Am vorderen Taschenteil an den Markierungen (siehe Schnitt) 4 Ösen montieren. Die Kordel über Kreuz durch die Ösen ziehen und die Kordelenden auf der Rückseite des Taschenteils zusammennähen.

Die Ösenabdeckung von innen über den Ösen leicht festkleben. Danach einen Kreis mit ca. 6 cm Abstand von der Außenkante steppen.

39,5 cm vom Reißverschluss abschneiden. Den Reißverschluss rechts auf rechts an eine lange Kante eines Seitenteils aus Oberstoff legen. Darüber bündig ein Seitenteil aus Futterstoff mit der rechten Stoffseite nach unten legen und feststecken. Den Reißverschluss mit dem Reißverschlussfüßchen einnähen.

Die andere Seite des Reißverschlusses entsprechend an die anderen Seitenteile aus Oberstoff und Futter nähen. Die Stofflagen aufklappen und vom Reißverschluss wegbügeln, dann die Nähte knappkantig absteppen.

Den Schieber auf den Reißverschluss ziehen.

Die Laschen jeweils mittig links auf links falten, aufklappen und dann die Seitenkanten bis an den Mittelfalz klappen und erneut bügeln. Die Laschen wieder in der Mitte falten, sodass der Stoff 4-fach liegt und die Laschen jeweils knappkantig an beiden Längskanten absteppen.

Je einen D-Ring auf eine Lasche ziehen, die Laschen zur Schlaufe legen (mit dem D-Ring in der Mitte), jeweils bündig auf die Reißverschlussenden legen und knappkantig annahen.

Den Boden und das zusammengesetzte Seitenteil an den Schmalseiten zusammennähen, sodass ein Ring entsteht. Dazu das Futter-Bodenteil rechts auf rechts auf die Futterseite des Seitenteils legen, das Oberstoff-Bodenteil rechts auf rechts auf die Oberstoffseite des Seitenteils. Die Teile an den kurzen Seiten zusammennähen, dabei die Naht jeweils mit 1 cm Abstand zur Kante beginnen und beenden.

Die Nähte unterhalb der Laschen knappkantig absteppen, falls das nicht zu viele Lagen für deine Nähmaschine sind.

Die Taschenteile aus Futterstoff jeweils rechts auf rechts an eine Kante von Seitenteil und Boden aus Futterstoff nähen, dabei in einer Naht eine etwa 12 cm lange Wendeöffnung offen lassen.

Die Taschenteile aus Oberstoff entsprechend an die Oberstoff-Seiten-/Bodenteile nähen, dabei auf die Position der Ösen achten.

Die Nahtzugaben an den Rundungen in kleinen Abständen bis dicht an die Naht einschneiden. Die Tasche wenden und die Wendeöffnung schließen.

Die Enden des Gurtbands versäubern. Einen Karabiner an einem Gurtende fest annähen, den anderen Karabiner am anderen Ende aufschieben und den Umschlag mit dem Schieber fixieren. Die Karabiner an den D-Ringen befestigen.

Braided and sewed

SCHNELL GEMACHTES ACCESSOIRE

Da so ein Gürtel schnell gemacht ist, kannst du dir gleich einen Vorrat in den verschiedensten Farben zulegen. Du kannst auch mehrere Farben kombinieren, das sieht ebenfalls toll aus.

SCHWIERIGKEITSGRAD 1

GRÖSSE

Länge: ca. 160 cm, Breite: ca. 2,5 cm oder 3 cm

MATERIAL

- Baumwollkordel rund, ø ca. 5 mm, 12 m (schmaler Gürtel) oder 18 m (breiter Gürtel)
- Kreativpapier, ca. 6 x 10 cm
- Alleskleber

So wird der Gürtel genäht

Für den breiten Gürtel 9 Stränge Kordel à 2 m Länge zuschneiden, für den schmalen Gürtel 6 Stränge.

Die Kordeln der Länge nach mit einem großem Zickzackstich zu einem flachen Band zusammennähen. So je 3 Bänder anfertigen, entweder mit 2 Kordeln für den schmalen Gürtel oder mit 3 Kordeln für die breite Variante.

Die Nähmaschine auf einen Geradstich mit ca. 4 mm Länge einstellen.

Die Bänder zu einem flachen Zopf flechten und mit dem Geradstich fixieren.

Am Ende die 3 Bänder wie am Anfang wieder flach nebeneinander zusammennähen.

Aus dem Kreativpapier 2 Rechtecke zuschneiden. Die Rechtecke sind jeweils 6 cm lang und so breit wie der Zopf plus 4 mm.

Die Rechtecke an den 6 cm langen Seiten jeweils links auf links zur Hälfte falten und beide Außenkanten knappkantig zusammensteppen.

Jeweils etwas Kleber in die genähten „Papierhülsen“ geben und je ein Ende des Zopfgürtels hineinstecken. Den Kleber gut trocknen lassen.

Wein schenkt Freude

Boho Spirit

VIELSEITIGER KOPFSCHMUCK

Haarbänder sind für Lang- und Kurzhaarfrisuren toll und sorgen ganz schnell für ein Boho-Feeling. Du kannst zusätzlich zu Band oder Spitze auch noch Pompons, Perlen, Federn, Münzen... aufnähen.

SCHWIERIGKEITSGRAD ??

GRÖSSE

Individuell, je nach Kopfumfang

MATERIAL

- Spitze oder Webband, 3 bis 5 cm breit, Länge: Kopfumfang minus 10 cm
- Kreativpapier, Breite: 0,5 bis 1 cm breiter als die Spitze, Länge: 2 cm kürzer als Spitze/Band
- Gummiband, 2,5 bis 3 cm breit, ca. 15 cm

So wird das Haarband genäht

Den Streifen Kreativpapier um den Kopf legen und auf die gewünschte Länge kürzen, auf der die Spitze zu sehen sein soll.

Das Gummiband an einem Ende des Papiers auf der rechten Seite festnähen. Das Haarband anprobieren und das Gummiband so weit kürzen, dass es an der anderen Seite noch gut angenäht werden kann.

Ein Ende der Spitze 1 cm breit nach links einschlagen und diese eingeschlagene Kante auf der rechten Seite passgenau an die Papierkante nähen, an der schon das Gummiband angenäht ist.

Beide langen Seiten der Spitze auf das Papier steppen, dabei am Ende die Spitze wieder 1 cm breit nach links einschlagen und festnähen

Das noch offene Gummibandende zwischen Spitze und Papier schieben und diese Kante absteppen.

Love and peace

DEIN INDIVIDUELLES UNIKAT

Jeansjacken sind ein absolutes Muss für deinen Boho-Style. Sie lassen sich zu allen Outfits kombinieren und wirken immer cool und lässig. Zu einem besonderen Stück wird deine Jeansjacke, wenn du sie individuell bemalst und gestaltest.

SCHWIERIGKEITSGRAD 1

MATERIAL

- Jeansjacke
- Textilmalstifte, z. B. Pintor von Pilot

So wird die Jacke gestaltet

Die Vorlagen (Auge und Schriftzug Soul shine) stehen in der Digitalen Bibliothek (siehe Seite 80) zur Verfügung. Die Hand habe ich frei Hand aufgemalt. Trau dich, es macht Spaß, eigene Ideen umzusetzen!

Vor dem Bemalen sollten die Textilien gut gewaschen werden, damit keine Appretur mehr in den Fasern ist.

Dann die Vorlage frei Hand oder mit einem Bügeltransferstift übertragen.

Zuerst die Konturen malen, dann die Innenflächen. Verzierungen wie die Punkte werden gesetzt, nachdem der Farbauftrag getrocknet ist.

Die Farbe gut trocknen lassen und danach gemäß Herstellerangaben fixieren.

Nach dem Fixieren ist die Jacke bei 30 Grad waschbar.

Mein Tipp für dich:

Du kannst auch Farben ineinander verblenden, solange du nass in nass malst und die Farben so zusammen verarbeitest.

WISSENSWERTES

Grundsätzliche Tipps zum Nähen

Stoffauswahl

Die richtige Stoffauswahl macht den Fall oder Stand des Kleidungsstückes aus. Du musst dir also im Klaren sein, wie dein Kleidungsstück am Ende wirken soll.

Verarbeitest du auffällige Muster oder Streifen, achte darauf, dass die Schnittteile wegen des Fadenlaufs nicht kreuz und quer liegen können.

Möchtest du z. B. mehr Stand in einen Kragen bringen, kannst du perfekt mit Vlies zum Einbügeln arbeiten.

Zuschnitt

Alle Schnitte sind OHNE Nahtzugabe. Für Säume rate ich dir, 2-3 cm zuzugeben, bei Overlocknähten ca. 0,7 cm und normale Nähte mit 1 cm Nahtzugabe zu versehen.

Achte auf den Fadenlauf. Dies ist wichtig, damit sich Schnittteile nachher nicht verziehen.

Achte auf Zuschnitte im Bruch und gegengleiche Zuschnitte.

Streifen oder Ringel wirken besonders schön, wenn sie sauber zugeschnitten werden, damit sie sich z. B. an der Seitennaht exakt treffen.

Vor dem Nähen

Stoffe solltest du vor dem Zuschnitt einmal waschen, damit der Stoff seine Oberflächenbehandlung verliert, er einmal einspringen und evtl. die erste Farbe „ausbluten" kann.

Bügeln

„Gut gebügelt ist halb genäht" hat man mir im Studium immer gesagt und das stimmt zu 100 %. Bügeln ist sehr wichtig! Du solltest alle Nähte ausbügeln. Da dieser Arbeitsschritt selbstverständlich ist und sich so oft wiederholt, wird er in den Anleitungen nicht immer extra beschrieben. Aber achte darauf, dass du nicht zu heiß bügelst. Bei empfindlichen Stoffen lieber dämpfen, anstatt das Bügeleisen mit voller Hitze aufzusetzen.

Oft ist es nützlich, ein Baumwolltuch zwischen Stoff und Bügeleisen zu legen. Ein angefeuchtetes Tuch kann das Bügelergebnis noch verstärken.

Nähen

Achte auf das Nähgarn. Verarbeitest du z. B. Naturmaterialien wie Baumwolle oder Leinen, rate ich dir ebenso zu Naturgarn. Beim Waschen verhalten sich dann die Steppnähte wie das Grundmaterial und dein Teil verzieht sich deshalb weniger.

Ebenso ist es immer wichtig, mit der richtigen Nadel zu nähen: mit Jerseynadeln, Jeansnadeln usw. Achte hier also auf die Aufschrift auf den Nadelpackungen.

Fertige immer Nähproben an. Stoffe verhalten sich unter der Nähmaschine oft verschieden. Fadenspannungen im Ober- und/oder Unterfaden sollten angepasst werden, damit die Nähte entspannt liegen.

Die meisten Jerseys kannst du vernähen, ohne die Kanten zu versäubern. Deshalb wird das Versäubern in den Anleitungen auch nicht extra angegeben. Verwendest du einen Stoff, bei dem die Schnittkanten ungewollt ausfransen, versäuberst du – falls du die Nahtzugaben auseinanderbügeln möchtest – vor dem Nähen alle Schnittkanten. Werden die Nahtzugaben in eine Richtung gelegt, versäuberst du die Kanten zusammen, nachdem du die Naht geschlossen hast.

Waschen

Deine genähten Sachen solltest du immer nach den Empfehlungen der Stoffhersteller waschen. Danach die Teile in Form ziehen und an der Luft trocknen lassen.

Plottermotive

Wenn du im Besitz eines Plotters bist, wirst du dich über die Boho-Motive, dich ich für dieses Buch entworfen habe, freuen. Du kannst sie auf die verschiedensten Kleidungsstücke aufbringen und diese so individualisieren. Du findest die Motive in der TOPP Digitalen Bibliothek (Freischaltcode siehe Seite 92).

Drucke das Motiv mit einem Hobbyplotter spiegelverkehrt aus. Ob du Flex-, Flock- oder Glitzerfolie verwendest, bleibt dir überlassen.

Anschließend werden alle nicht benötigten Teile entfernt (entgittert).

Mithilfe eines Bügeleisens oder einer Transferpresse wird das Motiv an der gewünschten Stelle angebracht. Beachte hier bitte die jeweiligen Herstellerangaben.

Ganz wichtig bei allen Folien ist es, dein Kleidungsstück in den ersten 24 Stunden nach dem Beplotten NICHT zu waschen. Die Folien brauchen einfach diese Zeit, um sich optimal mit dem Gewebe zu verbinden.

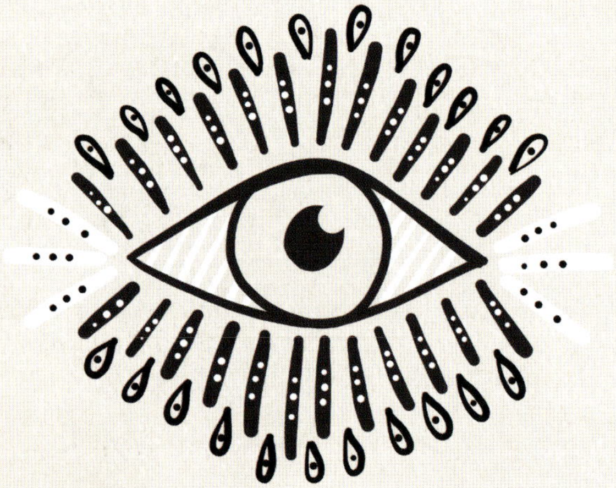

Maßtabelle

Korrektes Maßnehmen ist die Voraussetzung dafür, dass dir dein Kleidungsstück gut passt. Bitte am besten eine zweite Person, dir beim Vermessen zu helfen. Am besten trägst du dazu dünne, nicht auftragende Unterwäsche.

Hier wird Maß genommen

Brustumfang: Über der stärksten Stelle an der Brust, unter den Achseln hindurch und dann am Rücken etwas ansteigend.

Taillenumfang: Am Rumpf die Taille über dem Nabel an der schmalsten Stelle messen.

Hüftumfang: Über der breitesten Stelle am Gesäß waagerecht messen.

Bei Bedarf kannst du die Schnittteile auf deine Maße anpassen.

Größentabelle

Größe	**36**	**38**	**40**	**42**	**44**	**46**
Körperhöhe	167,6	168	168,5	169	169,5	170
Brustumfang	85	88	92	96	100	106
Taille	69	72	76	80	84	90
Hüftumfang	94	97	101	105	109	114,5

Lexikon

Bügeleinlage/Bügelvlies: Wird auf die linke Stoffseite aufgebügelt, um dem Stoff Stabilität zu verleihen. So kann man z.B. Knopflöcher in Bündchen oder Kanten verstärken, an die ein Reißverschluss genäht werden soll. Für Jerseykleidung eignet sich gut Gewebeeinlage, z.B. Vlieseline G700 oder G710 (etwas leichter). Aber auch jede andere, nicht zu steife Einlage ist denkbar.

Bügelfolie „Flex": Glatte Folie in vielen Farben zum Ausschneiden oder Plotten und anschließendem dauerhaften Aufbügeln auf Textilien.

Doppelte Stofflage: Wird der Stoff beim Zuschneiden rechts auf rechts doppelt gelegt, also in doppelter Stofflage zugeschnitten, erhält man direkt gespiegelte Schnittteile, also z.B. rechten und linken Ärmel oder Hosenbein.

Fadenlauf/Maschenlauf: Die Richtung, in der der Stoff gestrickt (Maschenlauf) oder gewebt (Fadenlauf) wurde. Er verläuft immer parallel zur Seitenkante und ist bei Maschenware beim Zuschnitt von großer Bedeutung für die Dehnbarkeit. Die Dehnbarkeit ist nämlich gewöhnlich quer zum Maschenlauf am größten.

Füßchenbreit: Füßchenbreit nähen bedeutet, dass die Naht der halben Breite des Nähfußes entspricht. Die Nadel befindet sich dabei in mittiger Position und der Nähfuß wird direkt entang der Kante geführt. Das sorgt für eine Naht im gleichmäßigen Abstand vom Rand bei etwa 7 bis 8 mm, je nach Maschinenmodell.

Links auf links: Eine Art, den Stoff zusammenzulegen, wobei die linken Seiten oder Unterseiten/unbedruckten Seiten des Stoffes aufeinandertreffen.

Nähfußdruck: Der Druck, den der Nähfuß nach unten auf den Stoff ausübt. Bei den meisten Nähmaschinen ist er einstellbar. Dehnbare Stoffe sollten mit reduziertem Nähfußdruck genäht werden, da das die Wellenbildung verhindert. Bei schweren Stoffen verbessert ein gesteigerter Nähfußdruck den Stofftransport.

Nahtzugabe: Der angeschnittene Überstand abseits der Nahtlinie, die den Schnittteilen hinzugefügt wird, um ein Aneinandernähen zu ermöglichen. Die zugegebene Nahtzugabe sollte immer der späteren tatsächlichen Nahtbreite entsprechen. Für gewöhnlich beträgt die Nahtzugabe etwa 1 cm, beim Einsatz der Overlockmaschine etwa 7 mm.

Rechts auf rechts: Eine Art, den Stoff zusammenzulegen, wobei die rechten Seiten oder Oberseiten/bedruckten Seiten des Stoffes aufeinandertreffen.

Saumzugabe: Die Zugabe am Stoff, die zusätzlich benötigt wird, um einen Saum zu nähen. Dabei empfehlen sich 2-3 cm, die nach innen umgeschlagen und danach sorgfältig festgesteppt werden.

Stoffbruch: Der Stoffbruch bezeichnet die Falz, entlang der der Stoff im Maschen- bzw. Fadenlauf beim Zuschneiden doppelt gelegt wird. Symmetrische Schnittteile werden entlang des Stoffbruchs angelegt und so im Ganzen zugeschnitten.

Über mich!

Mein Name ist Anke, ich bin 43 Jahre alt und jetzt schon 18 Jahre mit meiner Firma Cherry Picking selbstständig. Ideen lebendig werden zu lassen, ist für mich das Größte und meine absolute Berufung und Leidenschaft.

Mein Team und ich realisieren die schönsten Dinge aus den Bereichen Papeterie, Stoffdesign, DIY-Anleitungen und -Ideen bis hin zur Entwicklung von Produkten, die wir unbedingt realisiert haben wollen. Denn nicht nur uns, sondern auch Euch gefällt meist die Umsetzung unserer Sachen, und genau DAS macht mich unglaublich GLÜCKLICH und treibt mich täglich an, die Welt ein bisschen hübscher und JA, damit auch etwas besser zu machen!

Teil einer kreativen Generation und Community zu sein, freut mich TOTAL und ich bin mir sicher, ihr denkt genauso.

Ich werde so oft gefragt: „Was machst du, wenn du einen Ausgleich brauchst?“ oder „Was sind deine Hobbys?“.

Ich habe dazu nie eine passende Antwort… Ich liebe einfach das, was mich täglich beschäftigt und bewegt, so sehr, dass ich damit schon ausgeglichen genug bin.

Eine große Macke (lach) hab ich allerdings: Ich bin ein Material-Nerd. Jedes Material, egal welches, MUSS ich ausprobieren und schauen, ob es in irgendeiner Art und Weise zu mir passt und ich etwas daraus machen kann…

Meine Freunde lachen schon alle über mich. Ganz so witzig ist es aber nicht, denn mein Materiallager, so kann man es fast nennen, ist dadurch erschreckend groß. Teilweise fühle ich mich wie eine Forscherin, die die Unendlichkeit bestaunt, ertastet, untersucht, begreift, aber doch niemals an ihr Ziel gelangt.

Aber das ist ja auch irgendwie okay.

Ich würde mich freuen, wenn ihr mir auf Instagram folgt: cherrypicking_anke

DIE WELT VON Kitsch deluxe

Hallo, ich bin Iris Sand, die glückliche Besitzerin von Kitsch deluxe, einem kleinen, außergewöhnlichen Lädchen in Speyer.

Es macht mir schon immer Freude, kreativ zu sein und Dinge zu erschaffen. Schon als kleines Mädchen habe ich meinem Papa in seiner Werkstatt und meiner Mama und Oma in der Küche geholfen. Von meiner Oma habe ich backen gelernt. Sie hat herrliche Sachen gebacken. Am liebsten mochte ich alles aus Hefeteig. Meine Leidenschaft für die Küche ist bis heute geblieben. Es freut mich, dass meine Töchter meine Begeisterung fürs Kochen und Backen teilen, vor allem Lilli ist mit ihren 19 Jahren schon eine tolle Köchin.

Als Lilli 2000 geboren wurde, habe ich mit dem Nähen angefangen. Meine Liebe zu Stoffen wird wohl ewig bestehen. Ich kann an keinem Stoffladen vorbeilaufen, ohne hineinzugehen, um nach neuen Stoffen zu stöbern.

Nach der Geburt von Leni 2007 habe ich angefangen zu bloggen und eröffnete einen Dawanda-Shop mit genähten, gehäkelten und selbstgemachten Dingen. Später kamen Stickdateien, Stoffe und Webbänder aus eigener Produktion dazu.

Am 1. Juli 2014 eröffneten mein Mann Alexander, der als Zimmerermeister selbstständig ist, und ich das Kitsch deluxe-Lädchen in Speyer. Mein Mann hat einen kleinen Stall auf unserem Grundstück liebevoll umgebaut und aus ihm ein kleines Schmuckstück geschaffen.

Ich habe mich total gefreut, als mich meine Freundin Anke fragte, ob ich meine Kitsch deluxe-Welt als Location für das Fotoshooting zu ihrem Buch „Nähen im Boho-Look" zur Verfügung stellen würde. Klar, ein bisschen aufgeregt war ich schon, da ich nicht genau wusste, was mich erwarten würde. Aber dann waren die drei Tage mit dem Team aus dem Verlag und allen anderen Beteiligten für uns alle ein tolles, buntes Erlebnis, das viel Spaß gemacht hat.

Seit 2014 betreiben wir auch erfolgreich den kitsch deluxe-Account auf Instagram. Durch die mittlerweile große Reichweite haben wir nicht nur Kunden aus der Umgebung. Viele nehmen hunderte Kilometer auf sich, um uns zu besuchen.

Wir freuen uns über jeden Besuch und aus manchen Kundschaften sind schon richtig Freundschaften entstanden. Das Kitsch deluxe-Lädchen ist einfach anders als andere Läden. Bei uns gibt es immer was Selbstgebackenes und wir nehmen uns Zeit für jeden Einzelnen. Viele Kunden sagen, es sei ein magischer Ort. Ein Ort, an dem sich Menschen treffen und gleich miteinander ins Gespräch kommen.

Seit 2016 bieten wir Workshops an. Besonders beliebt sind unsere „Hochstapler"-Workshops, in denen wir Etageren zusammenfügen. Diese sind immer auf Monate ausgebucht. Im Workshop werden zunächst die passenden Geschirrteile aus unserem riesigen Sortiment ausgesucht. Das ist nicht gerade einfach, denn es gibt Tausende von Möglichkeiten, eine individuelle Etagere zusammenzustellen. Wir helfen und beraten so lange, bis jeder seine Lieblings-Geschirrteile gefunden hat.

Jetzt kommt mein Mann, der Zimmerermeister, ins Spiel. Alex übernimmt den technischen Teil des Workshops und erklärt, wie man die verschiedenen Materialien, wie z.B. Holz, Keramik, Metall und Melamin, behandelt und bohrt. Nachdem die Teilnehmer ihre Geschirrteile vorbereitet haben, werden die Etageren zusammengeschraubt. Es macht uns jedes Mal glücklich zu sehen, wie stolz die Teilnehmer auf ihre Etageren sind. Im Frühjahr/Sommer 2021 werden wir unseren 200. #hochstaplerworkshopdeluxe feiern. Wahnsinn!!!

Mit Alex, Dr. Holz, könnt ihr bei uns aber auch das „Heiße Fass" bauen. Aus ausgedienten Weinfässern entstehen in diesem Workshop Stehtische mit integriertem Romantikfeuer.

Aber auch unsere kreativen Freunde bieten bei uns Workshops an. Mine Eltze #artworkshopbymine malt mit uns tolle Bilder. Und Martina Gräf bietet Naturkosmetik-Workshops #happyrühring an.

Wohin die Kitsch deluxe-Reise noch führt, wissen wir nicht, nur eins ist klar: Im Vordergrund stehen immer die Freude, Ehrlichkeit und Menschlichkeit. Wir behandeln unsere Kunden immer so, wie wir selbst behandelt werden möchten.

With Love
Iris, Alex, Lilli und Leni

Hier findet ihr uns:
https://www.instagram.com/kitschdeluxe • https://www.kitschdeluxe.com • https://www.facebook.com/KitschDeluxe

Quick & easy

Seite 50

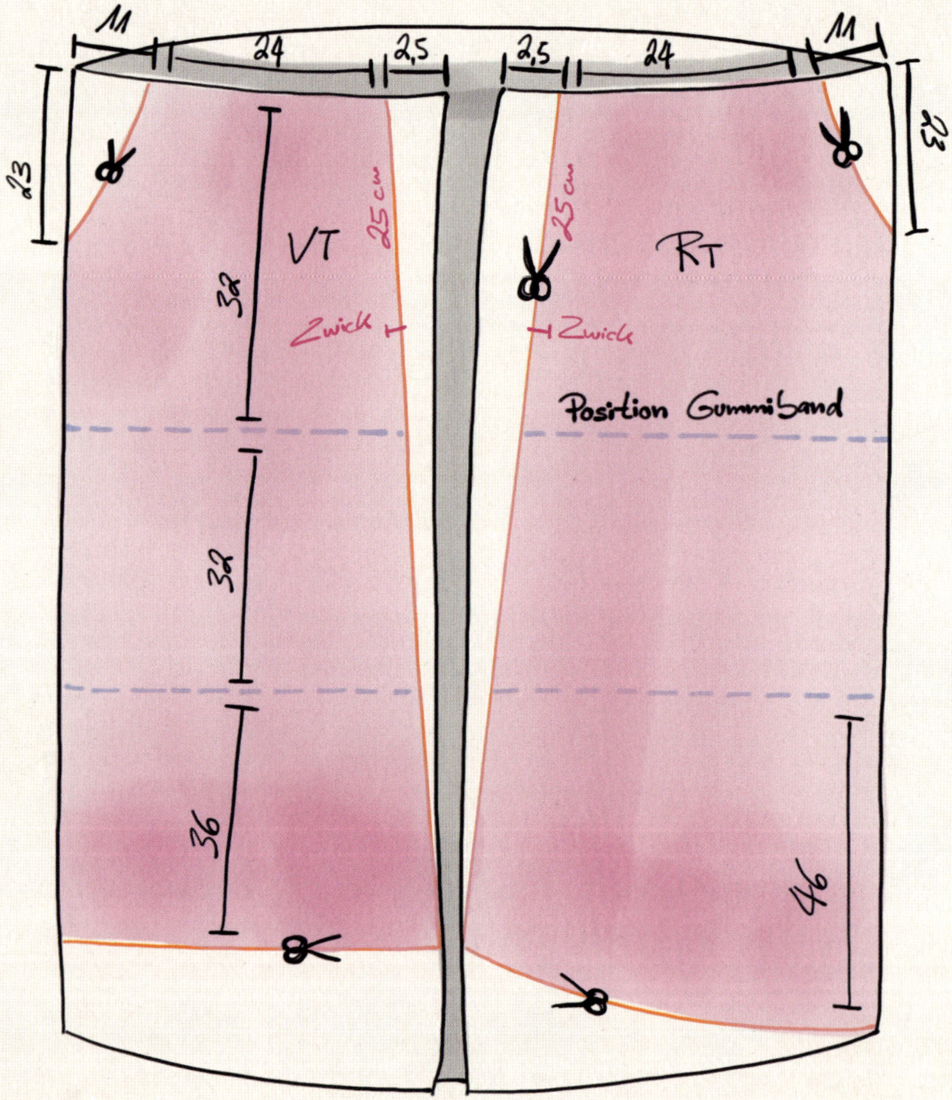

Simple but cool

Seite 64

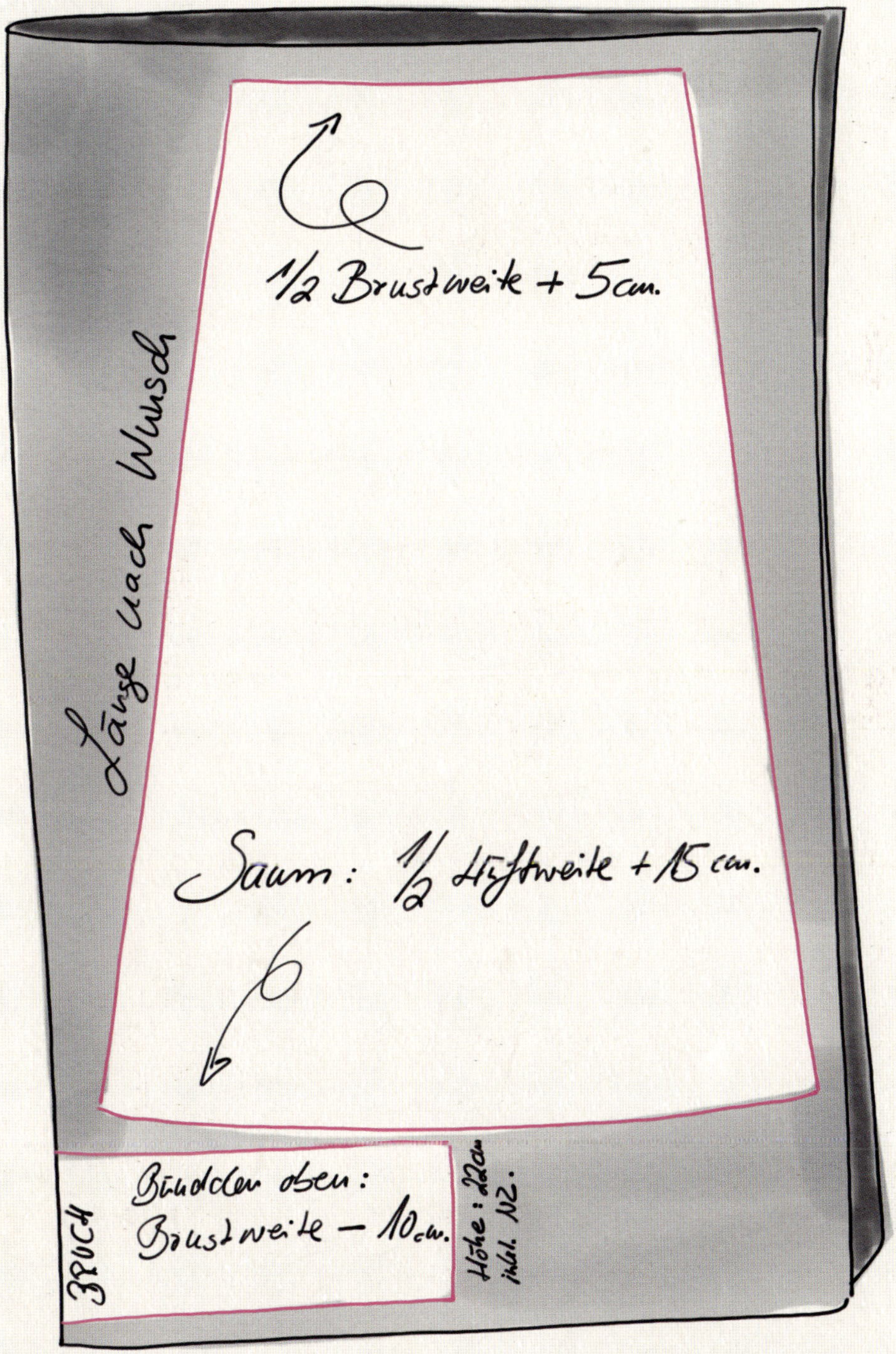

Buchempfehlungen für dich

Entdecke die bunte Welt der Kreativität mit wunderbaren Büchern zu vielen verschiedenen Techniken.

ISBN 978-3-7724-4817-1

ISBN 978-3-7724-4368-8

ISBN 978-3-7724-4702-0

ISBN 978-3-7724-4826-3

ISBN 978-3-7724-4820-1

ISBN 978-3-7724-6830-8

ISBN 978-3-7724-8142-0

ISBN 978-3-7724-8130-7

ISBN 978-3-7724-4827-0

Noch mehr Kreativ-Bücher findest du auf www.TOPP-kreativ.de

#TOPPPROJEKT

Die eigene Kreativität zeigen: TOPPprojekt mit anderen Kreativen teilen und Teil der Gemeinschaft werden.

DIY-begeistert und auf Instagram? Dann unbedingt mitmachen! Hier gibt's Tipps und Feedback zu den eigenen Projekten. Außerdem verlosen wir jeden Monat ein Überraschungspaket. Um am Gewinnspiel teilzunehmen, einfach ein Bild vom Kreativ-Projekt aus unseren Büchern mit #TOPPprojekt posten und unserem Account @frechverlag folgen. Mehr Infos auf TOPP-kreativ.de/TOPPprojekt

Webseite

Auf TOPP-kreativ.de gibt ein riesiges Angebot von über 1.000 Kreativbüchern, Sets & mehr zu entdecken.

Newsletter

Immer als Erstes von von unseren Neuheiten und Sonderaktionen erfahren: TOPP-kreativ.de/newsletter

Instagram

@frechverlag

Pinterest

pinterest.com/frechverlag

Facebook

facebook.com/frechverlag

DigiBib

Hier gibt es zusätzlich zu einigen unserer Bücher digitale Extras, wie Video-Tutorials, Plotter-Dateien, Vorlagen, Übungsblätter & vieles mehr. Einfach im Impressum eines TOPP-Buchs nachschauen, ob dort ein Code vorhanden ist und exklusive Inhalte freischalten TOPP-kreativ.de/digibib

Youtube

youtube.com/frechverlag

Hilfestellung zu allen Fragen, die Materialien und Kreativbücher betreffen:
Frau Erika Noll berät dich. Rufe an oder schreibe eine E-Mail!
Telefon: 05052/911858* *normale Telefongebühren
E-Mail: mail@kreativ-service.info

Impressum

Ich danke Iris, dass wir dieses Buch bei Kitsch deluxe in Speyer in wundervollem Ambiente und bei bester Verpflegung fotografieren durften. Danke für deine Gastfreundschaft.

Ein großes Dankeschön geht an Nastja von DIY Eule, deren Schnitt „Ruby" aus ihrem Buch „Taschen nähen mit DIY Eule", ISBN 978-3772481550 ich für meine Button Bag verwenden durfte.

Ich danke folgenden Firmen für die Unterstützung mit Materialien:
PILOT PEN S.A., Swafing GmbH, Snaply GmbH, Union Knopf GmbH, Wunderpop GmbH, Vostex GmbH

Der Downloadcode für die Plotterdateien lautet **17582**

FOTOS: frechverlag GmbH, 70499 Stuttgart; iStock: Navistock (Seite 14); shutterstock: Nejron Photo (Seite 15); Iris Sand (Seite 86); lichtpunkt, Michael Ruder, Stuttgart (alle übrigen)

ILLUSTRATIONEN: Anke Müller

PRODUKTMANAGEMENT: Claudia Mack

LEKTORAT: Beate Schmitz, Stegen

COVERGESTALTUNG: Eva Grimme

LAYOUT UND GESTALTUNG: Petra Theilfarth

DRUCK UND BINDUNG: DRUK-INTRO S.A., Polen

1. Auflage 2020

ISBN 978-3-7724-8174-1 • Best.-Nr. 8174